AF402900

FSC
www.fsc.org
MIX
Papier aus ver-
antwortungsvollen
Quellen
Paper from
responsible sources
FSC® C105338

Robin Heß
Der tanzende Papst

Robin Heß

DER TANZENDE PAPST

EINE NEUE IDEE

AUS DER TIEFE MEINES HERZENS

Impressum

Bibliografische Information der Deutschen Nationalbibliothek: Die Deutsche Nationalbibliothek verzeichnet diese Publikation in der Deutschen Nationalbibliografie; detaillierte bibliografische Daten sind im Internet über dnb.d-nb.de abrufbar.

TWENTYSIX – der Self-Publishing-Verlag

Eine Kooperation zwischen der Verlagsgruppe Random House und BoD – Books on Demand

© 2020 Robin Heß

2. Auflage

Herstellung und Verlag:

BoD – Books on Demand, Norderstedt

ISBN 9783740730857

Inhaltsverzeichnis

I.	Vorwort	S. 9
II.	01.04.2015 - Felden	S. 11
III.	25.04.2015 - Rom	S. 18
IV.	27.06.2015 - Rom	S. 22
V.	09.05.2015 - Vatikanstadt	S. 28
VI.	04.07.2015 - Passauer Bischofspalast	S. 35
VII.	06.07.2015 - Passauer Dom	S. 39
VIII.	15.07.2015 - Passauer Bischofspalast	S. 45
IX.	05.10.2015 - Mainz	S. 49
X.	13.10.2015 - Mainzer Dom	S. 58
XI.	20.11.2015 - Frankreich	S. 60
XII.	10.04.2016 - Passauer Marktplatz	S. 63
XIII.	12.04.2016 - Privatkapelle Bischofspalast	S. 70

XIV. 05.06.2017 - Passauer Bischofspalast S. 72

XV. 17.06.2017 - Passauer Bischofspalast S. 75

XVI. 18.07.2017 - Passauer Dom S. 77

XVII. 22.07.2017 - Krankenhaus Passau S. 84

XVIII. 01.08.2017 - Vatikan S. 87

XIX. 15.12.2017 - Passauer Bischofspalast S. 113

XX. 17.12.2017 - Passauer Bischofspalast S. 118

XXI. 22.12.2017 - Passauer Dom S. 119

XXII. 15.06.2018 - Passau S. 121

XXIII. 25.06.2028 - Vatikan S. 125

XXIV. 26.06.2028, 7:30 Uhr - Vatikan S. 136

XXV. 26.06.2028, 18 Uhr - Vatikan S. 140

XXVI. 26.06.2028, 18:30 Uhr - Vatikan S. 146

XXVII. 26.06.2028, 19 Uhr - Vatikan S. 148

XXVIII. 26.06.2028, 20 Uhr - Vatikan S. 152

XXIX. Interview mit dem Autor S. 157

XXX. Danksagung S. 159

Vorwort:

*„Ich träume eine Kirche, in der kein Mensch mehr lügt, in
der niemand einen andern in falscher Hoffnung wiegt …
die wahr ist und gerecht, wir alle sind nur Freie und
niemand ist der Knecht." (Stork/Baltruweit, 1984)*

Ein junger Mann hat eine neue Idee. Es gibt sie im Grunde
schon seit zweitausend Jahren. Doch er hat erkannt, dass
sie oft verdrängt oder absichtlich unterdrückt wird. Robin
spricht von der jesuanischen Idee der Liebe, von
Vertrauen und Vergeben, von vorurteilsfreier Annahme
und menschlicher Güte. Der Autor hat – als Ministrant
und Oberstufenschüler – erkannt, dass auch diejenige
Institution versagt hat, die diese Idee eines Jesus von
Nazareth in die Welt bringen sollte. Denn die Kirche droht
an ihren eigenen und hausgemachten Problemen zu
ersticken. Robin macht sich viele Gedanken um die
Zukunft der Kirche. Und er will mit diesem Buch zeigen,
dass es auch anders geht, dass Kirche in der heutigen Zeit
auch ansteckend und inspirierend sein kann, ganz
besonders für die Jugend. Er wünscht sich – das wird mehr
als deutlich – eine Kirche, die sich in ihren eigenen
Ursprüngen und Vorbildern neu entdeckt. Dazu muss sie
sich vielleicht neu erfinden: Als „eine Kirche von
Menschen für Menschen, eine Kirche, die versteht, die
begleitet, dem Menschen dient, die keine Angst hat sich
zu verändern. Denn wir alle sind Menschen, keine

Götter", so nimmt der Autor prägnant seine Motivation ins Wort.

Ich habe den Autor als einen interessierten und kritischen Zeitgeist kennengelernt. Wenige Wochen, nachdem ich die Begegnung mit einem Missbrauchsopfer im Text „Von tanzenden Kirchenfürsten" verarbeitet hatte, kam Robin mit seiner Idee vom „Tanzenden Papst" auf mich zu. Es hat mich begeistert, dass sich ein junger Mann schreibend und kreativ diesem Thema genähert hat. Denn wer seinen Traum so zu Papier bringen kann, der hat bereits eine deutliche Vision. – Eine Vision, zu der ich ihn befragt habe. Seine Antworten findet der Leser/die Leserin am Ende des Buches. Möge dieser Traum von einer neuen, veränderten Kirche eines Tages wahr werden – für Robin und für uns alle. Denn Leid gibt es genug in der Kirche, zum größten Teil hausgemacht aufgrund fehlender innerer Freiheit. Dieses Buch lebt genau von dieser Größe: von der „Freiheit des Christenmenschen", wie Martin Luther seinerzeit formuliert hat. Von Freiheit, Mut und Zuversicht. Mögen diese Gedanken um die Welt gehen und die Kirche verändern.

Dr. theol. Thomas Hanstein
Matthias-Erzberger-Schule

Roberto ist heute sehr früh aufgestanden. Er war nervös, denn sein Freund Lukas, der vor ein paar Wochen Abt des Klosters Felden geworden war, hatte sich heute angemeldet, um mit Roberto zusammen die Ostermesse, bei ihm in der Pfarrkirche anstatt in seinem Kloster, zu lesen. Das kam Roberto zwar doch sehr seltsam vor, insgeheim freute er sich allerdings auch darauf. Als er jetzt in seinem Bad stand und sich die Haare frisierte, dachte er über sein Alter und seine Kindheit nach: Jetzt bin ich schon 38 Jahre auf dieser schönen Welt und was habe ich für die Menschen schon getan? Aber was kann ich als einfacher Priester auch ausrichten?! – Roberto, reiß dich zusammen, das ist keine Ausrede. Ich muss trotzdem kämpfen, und traurig sein darf ich auch nicht. Meine Kirchen sind voll, die Leute im Ort sprechen viel häufiger über ihren Glauben und über Gott als früher! Und besonders stolz kann ich sein, dass sie alles hinterfragen und nicht nur so hinnehmen. Vor 30 Jahren habe ich in Reinstetten im schönen Schwäbischen Oberland angefangen zu ministrieren, war in der Landjugend und hatte damals schon das kritische Denken. Ich wollte die Kirche reformieren – hahaha, das war ein schöner Traum. Ja als Kind hat man noch geträumt. Jetzt muss ich aber los, heute ist der erste April, also ein ganz besonderes Osterfest, zumindest habe ich das noch nie erlebt. Als Roberto aus dem Haus in Richtung Kirche lief, vorbei an seinen Blumen und den Gemüsebeeten, fiel sein Blick zur Kirchenturmuhr. „Mist schon so spät, meine Armbanduhr geht zehn Minuten nach!“, flüsterte er vor sich hin. Pustend und außer Atem kam er schließlich in der Kirche an und entschuldigte sich, während er noch kräftig nach Luft schnappte: „Entschuldigung, meine Uhr ging nicht richtig.“ Sein Freund Lukas war schon da, in seinem weißen, mit goldenen Fäden durchwobenem Messgewand eingekleidet und begrüßte ihn lächelnd mit einem „Guten Morgen Exzellenz“. Roberto hörte nur halb zu, während er sich schnell das weiße Messgewand und die cremefarbene Stola überwarf, trotzdem dachte er sich nichts dabei, denn es war ja der 1. April. Und schon ging's los, der erste Ministrant namens Max schrie: „Herr Pfarrer, da hängt ein Faden raus.“ Roberto wollte ihm seinen Spaß lassen und fragte: „Wo denn?" und schaute, während er sich um sich selbst drehte, nach dem Faden, der angeblich aus seinem Messgewand heraushängen sollte. „April, April", so kam die Antwort kurze Zeit später. Lachend stellten sich alle zum zeremoniellen Einzug in die Kirche auf. Während des Einzugs flüsterte Lukas seinem Freund Roberto zu: „Genieße dieses Osterfest, das ist dein letztes in dieser Gemeinde". Roberto war bereits so in die Orgelmusik vertieft, dass er es nur mit halber Aufmerksamkeit aufnahm, trotzdem kreisten seine Gedanken während der gesamten Messe um die Aussage, die Lukas vorhin gemacht hatte. Eure Exzellenz ... letztes Osterfest hier in dieser Gemeinde ... und warum war er heute hier, gab es vielleicht einen tiefersitzenden Grund, als einfach nur Ostern mit ihm zu verbringen? Hierfür sprach auch, dass Lukas ihn seit dem Beginn der Messe so seltsam anlächelte. Roberto hatte grundsätzlich nichts gegen ein Lächeln während eines Gottesdienstes, ganz im Gegenteil, es belebte ihn und macht den Gottesdienst auch viel lebendiger. Aber dieses Lächeln, das war kein normales Lächeln. Es war eine Mischung aus rätselhafter Unterwerfung, Geheimniskrämerei und Herausforderung.

Ein Lächeln, das sagt: Ich weiß etwas, was du nicht weißt, es betrifft dich aber auch. Nach dem Segen und den Wünschen für die Osterfeiertage standen plötzlich alle gleichzeitig auf und ein kräftiges „Danke" erfüllte den Kirchenraum und die Orgel begann, unter lautem Klatschen, wieder anzuspielen. Roberto, der erstarrt und verdutzt am Altar stand, starrte die Beifall klatschende Menge an. Lukas nahm ihn am Arm und zog ihn zum Hochaltar. Hierbei wurde sein Lächeln noch breiter. Unter Orgelspiel und anhaltendem Beifall zog die kleine Prozession in die Sakristei, während die Orgel noch einmal alles gab. „Was war das bitte?" Total baff und auch leicht verärgert, zog er Lukas zur Seite, sobald die Tür der Sakristei verschlossen war. „Um Gottes Willen, sag mir, was das sollte!", brach aus Roberto heraus. Lukas lächelte ihn nur verschmitzt an und sagte: „Ich kann es dir jetzt noch nicht sagen, ich bin bei einer Familie zum Essen eingeladen und du auch. Wir treffen uns um zwei bei dir im Pfarrgarten unter dem alten Lindenbaum." „Aber ich…", setzte Roberto an. „Nichts aber … bald hast du zwar mehr zu sagen als ich, jetzt habe aber ich noch das Sagen."

„Klar, so war es ja schon immer…", sagte Roberto

lächelnd. Die Ministranten hatten sich umgezogen, aber trotzdem zugehört und brachen nun in schallendes Gelächter aus. „Ihr wisst es also auch schon, oder?" fragte Roberto leicht genervt. „Natürlich, das ganze Dorf weiß es!", antwortete Johannes lachend. „Ich rate Ihnen nur, nachher viel zu essen und zu trinken, damit Sie nachher nicht der Schlag trifft." „Johannes reiß dich zusammen!", tadelte ihn Lukas trotz eines Lächelns im Gesicht. Roberto seufzte: „Also gut, dann warte ich eben noch."

Es war kurz vor 14.00 Uhr, als Lukas langsam schlendernd auf den Lindenbaum zuging, an dem Roberto auf ihn wartete. Roberto war nervös, das sah man ihm an, denn er trat von einem Fuß auf den anderen und starrte Löcher in die Luft. „Schöne Blumen hast du hier, man sieht, dass du die Natur liebst", begann Lukas das Gespräch, wie wenn sie sich zum Kaffee getroffen hätten. „Und dein Gemüse… an dir ist ein Gärtner verloren gegangen!" „Hör jetzt auf meinen Garten zu loben und sag mir, warum das ganze Dorf über etwas Bescheid weiß, das mich betrifft, ich aber nicht!", entgegnete Roberto fordernd. Denn so langsam verlor er die Geduld. „Du kannst dir, wenn du jetzt willst, einen Kindheitstraum erfüllen!" Lukas sah ihm jetzt tief in die Augen und bat ihn dann etwas auf und abzugehen, damit er ihm eine Geschichte erzählen konnte: „Es war einmal ein Junge, der den Traum einer neuen, reformierten Kirche hatte, er ließ sich mit seinem Freund zum Priester weihen und begann mit dieser Weihe seinen steilen und steinigen Weg." „Du redest von uns…", stieß Roberto hervor, er blieb stehen und sah seinen Freund mit festem Blick an. Lukas pflichtete ihm bei: „Sehr richtig. Er machte eine hervorragende Arbeit in seiner Gemeinde und brachte durch seine eigene und neue Haltung wieder viele Menschen in die Kirche. Doch eines Tages bekam sein Freund einen Brief…" Sie waren jetzt bei dem Teich mit der Bank angelangt und beide setzten sich. Lukas nahm Robertos Hand und sein Blick schweifte über den Teich, auf dem Seerosen schwammen und erzählte weiter: „… in dem stand, dass man sich auf einen neuen Bischof geeinigt hatte, da der Alte gestorben war und sie einigten sich auf einen einfachen, neuen, zielstrebigen und zugleich bescheidenen Mann." Lukas stand auf und trat vor Roberto und sagte nach einer kürzeren Pause: „Roberto Hoffer!", verneigte sich vor dem auf der Bank sitzenden schneeblassen Roberto und sagte feierlich: „Vor

mir sitzt der neue Bischof von Passau, lass dich drücken."
Lukas zog ihn am Ärmel hoch und schloss ihn in die Arme.
„Was ich… ist das kein Aprilscherz?", stotterte Roberto.
„Nein, das ist es nicht, ich habe den Brief bereits vor drei
Wochen bekommen, dachte aber, ich warte bis Ostern",
sagte Lukas lachend, der die Hände von Roberto hielt.
„Aber warum hast du ihn bekommen und nicht ich?",
fragte Roberto verwirrt. „Ich weiß es nicht, vielleicht
wollten sie, dass ich es dir schonender beibringe, als wenn
du den Brief gelesen hättest", meinte Lukas. „Obwohl du
den ganzen Tag Andeutungen gemacht hast, war es sehr
viel auf einmal, lass uns bitte nochmal hinsetzen", sagte
Roberto, während er sich auf die Bank fallen ließ. „Du
weißt es also schon seit drei Wochen", sagte er dann
gedankenverloren. „Das muss ich leider bestrafen, du bist
ab heute mein persönlicher Sekretär, ohne Widerworte."
„Weil ich damit schon gerechnet habe, sage ich jetzt Ja
und das sehr gerne", lachte Lukas: „Den Brief habe ich
auch dabei, deine Einsetzung ist am 06.07.2015 im
Passauer Dom, und davor musst du nach Rom, zur
Bischofsschulung in den Vatikan."

25.04.2015 - Rom

„Mir ist das einfach nicht recht, dass ich mit nach Rom komme… Es geht doch bei der Schulung um dich…“, sagte Lukas verlegen. „Ich brauche dich doch, allein schon wegen meinem miserablen Italienisch, ich komme ja schon mit Englisch nicht zurecht. Und außerdem weiß ich doch ganz genau, dass du schon immer einmal nach Rom wolltest, besonders, wenn man sogar im Vatikan wohnt…“, antwortete Roberto, der in seine Einladung vertieft war. „Hier steht, dass wir uns melden sollen, wenn wir am Flughafen angekommen sind, dann werden wir abgeholt.“ „Steht da auch eine Telefonnummer?“, erkundigte sich Lukas, während er sein Handy zückte. „Und die kommen dann extra um uns zu holen?“, fragte Roberto. „Nein, das will ich nicht, wir kommen schon irgendwie zum Vatikan.“ Ohne zu protestieren nahm Lukas die Koffer und lief Roberto hinterher, der wild winkend nach einem Auto Ausschau hielt. Sie hatten Glück, eine deutsche Familie die zu Zeit in Rom Urlaub machten, nahmen sie mit. Unterwegs erzählte die Familie was man in Rom nicht verpassen durfte. Es wurde eine heitere Autofahrt und natürlich hatte Roberto auch ein paar Bonbons für die Kinder dabei. Denn er hatte in seinem Umhang immer etwas Süßes. ‚Man weiß ja nicht wem man begegnet`, pflege er stetig zu sagen. Kurze Zeit später standen sie auf dem Petersplatz und erkundigten sich nach dem Weg zum Gästehaus Santa Marta. Nachdem der Wachmann die Papiere kontrolliert hatte, führte er Lukas und Roberto links am Petersdom und der Sakristei vorbei zum Gästehaus Santa Marta. Als Lukas dem Mann an der Rezeption erklärte, wer sie waren, sah er die beiden sehr verwundert an und sagte etwas auf Italienisch. Roberto sah Lukas fragend an und der übersetzte: „Er hat gefragt, warum wir nicht angerufen haben und wie wir hergekommen sind." „Sag ihm, dass wir ihnen keine Unannehmlichkeiten machen wollten. Und wie wir hergekommen sind, weißt du ja." Lukas übersetzte und die zwei wurden zu ihrem Zimmer geleitet. Dann erklärte der Rezeptionist noch den Ablauf der Bischofsschulung, während Lukas die Koffer auspackte. Der junge, adrette Italiener gab ihnen noch einen Ablaufplan und verschwand dann. „Diese Schulung besteht hauptsächlich aus Vorträgen", sagte Roberto, der nachdenklich im Zimmer auf und ab ging. „Bleibt denn noch Zeit für die Stadt Rom, das Kolosseum, dem Trevi-Brunnen, die Spanische Treppe und natürlich den Vatikan? Eine gute Pizza darf da natürlich auch nicht fehlen." Verträumt sah Lukas auf die Rückseite des Petersdoms und dessen Kuppel. „Ja, da bleibt mehr als genug Zeit, zwei Wochen in Rom … herrlich …, komm lass uns etwas essen gehen, ich lade dich ein", sagte Roberto. „Protestieren hilft sowieso nicht, stimmt's?", entgegnete Lukas lachend. „Richtig, komm wir gehen!", sagte Roberto fordernd und schob seinen Begleiter aus dem Zimmer.

Zur selben Zeit saßen mehrere Männer im Apostolischen Palast. Im Apartment des päpstlichen Zeremonienmeisters Kardinal Rodrigo waren der Kardinalstaatssekretär Pietro, der Mailänder Erzbischof Paul und der Chef der Glaubenskongregation Kardinal Franko zugegen. Kardinal Rodrigo hatte sie rufen lassen, um etwas wegen der Bischofsschulung zu besprechen. „Vorhin kam der letzte Bischofskandidat Roberto Hoffer aus Deutschland an, und ratet mal wie er kam?", begann

Kardinal Rodrigo das Gespräch. „Ich ahne nichts Gutes…“, erwiderte Kardinal Franko. „Ich sage trotzdem, er ließ sich abholen.“ „Falsch, er kam mit einer Familie, die ihn mitgenommen hat“, erwiderte Rodrigo. „Das ist nicht wahr“, stieß Kardinal Paul entsetzt hervor. „Er kam als Tramper, wie kann er nur…? Er kommt aus der deutschen Provinz. Ich habe langsam das Gefühl, dass wir mit ihm so unsere Probleme haben werden“, überlegte Franko laut. Während sie noch redeten, klingelte das Telefon des Zeremonienmeisters. Nachdem er das Telefonat beendet hatte, sagte er: „Ich werde beim Papst erwartet, er will etwas von mir. Wir werden den zukünftigen Bischof und die anderen im Auge behalten. Notfalls greifen wir zu härteren Mitteln, das wäre ja nicht das erste Mal. Schließlich sind unsere Männer überall. Schönen Tag noch!“ Er begleitete seine Gäste nach draußen und eilte dann in Richtung des päpstlichen Arbeitszimmers.

27.04.2015 - Rom

Robertos Vortrag war gerade beendet, als Kardinal Rodrigo ihn zur Seite zog und ihn ansprach: „Buona giornata, ich bin Kardinal Rodrigo, Päpstlicher Zeremonienmeister. Ich bin für alle hier verantwortlich und wollte mich nach Ihrem Wohlergehen erkundigen. Wie gefällt es Ihnen denn hier?" „Ach, es ist schön hier, ich kann mich nicht beklagen. Die Vorträge sind besser als ich gedacht habe, besonders die von Pater John. Dieser Mann hat Scharfsinn", antwortete Roberto. „Pater John, so so … und denken Sie auch so?", fragte Kardinal Rodrigo mit hochgezogener Augenbraue. „Ich habe früher schon so gedacht, aber seine Worte überzeugen mich noch mehr und stärken mich, das zu tun, was er sagt und was ich denke", sagte Roberto überzeugt. Rodrigo verabschiedete sich hastig und hatte es plötzlich sehr eilig zu gehen. Roberto schaute ihm verwundert nach, machte sich dann aber achselzuckend auf den Weg zum Kolosseum, wo er sich mit Lukas treffen wollte. Dieser hatte schon den ganzen Tag in der Stadt verbracht. Da er

Lukas vor dem Kolosseum nirgends sehen konnte, kaufte er sich eine Eintrittskarte und ging hinein. Beim Hineingehen verschlug es ihm die Sprache, gigantisch trotz kaputter Mauern, elegant und leicht trotz so vieler Steine. Lukas saß auf einer Bank und winkte ihm zu. Roberto nahm neben ihm Platz und sagte mit einem tiefen Seufzer: „Endlich ist es vorbei. So interessant es auch ist, Rom ist nicht der richtige Ort für Vorlesungen. In dieser Stadt muss man raus!" „Ja, da hast du Recht, ich habe schon auf dich gewartet. Jetzt freue ich mich auf dein Wissen über das Kolosseum. Leg los…", forderte Lukas, während er sein Gesicht in die Sonne hielt und die Füße ausstreckte. „Also", begann Roberto, „das Kolosseum, auch Amphitheater genannt, wurde 79 nach Christus von Kaiser Vespasian erbaut. Die Einweihungsfeier unter Kaiser Titus dauerte 100 Tage. Es war das größte Amphitheater des Römischen Reiches. Die Arena ist 54 Meter breit und 86 Meter lang. Es gibt 80 Eingänge, unzählige Gänge und Treppen. Es bietet Platz für 50 000 Menschen. Durch die 80 Eingänge kann das Kolosseum in 15 Minuten gefüllt und geleert werden. Das Gängesystem ist so ausgeklügelt, dass es heute noch beim

Bau von Fußballstadien kopiert wird. Im Keller gibt es mehrere Etagen mit Käfigen, Zellen und Lagerräumen. Durch Aufzüge konnte man Tiere und Menschen blitzschnell in die Arena bringen. Der Eintritt war für alle frei. Der Kaiser wollte sich so beliebt machen. Das Kolosseum ist in Ränge aufgeteilt. In seinen früheren Jahren konnte man es mit Wasser füllen und Seeschlachten veranstalten. Aber es gab auch Theateraufführungen, Tierhetzen, Hinrichtungen und Gladiatorenkämpfe. Die Gladiatorenkämpfer waren Sklaven, Gefangene oder Verbrecher. Sie konnten sich aber auch freikaufen oder freikaufen lassen um eigene Gladiatorenschulen aufzumachen. Sie waren die Stars der damaligen Zeit, bejubelt und bei den Frauen beliebt. Wer verlor, wurde entweder begnadigt oder getötet. Dies lag in der Hand des Kaisers, der dies aber dem Publikum überließ. Die Chance, als Gladiator nicht zu sterben, war aber sehr gering. Wenn man überlegt, war dieser Ort der brutalste, an dem so viele Menschen an einer Stelle starben. Auf dieser kleinen Fläche sollen 300.000 bis 500.000 Menschen sowie viele Millionen Tiere gestorben sein. Es war eine elegante Mordmaschine. Der Kampf auf

Leben und Tod, zwischen Mensch und Tier und Tier und Mensch. Ein Machtinstrument des Kaisers, um den Feinden zu zeigen: Hier seht ihr was passiert, wenn ihr euch mit Rom anlegt. Wir sind…!" Mitten im Satz brach Roberto ab und sah zu Boden. Lukas, der interessiert zugehört hatte, schaute ihn verwundert an und fragte dann besorgt: „Was ist? Geht es dir nicht gut?" Roberto sah ihn an und sagte betrügt: „Wie grausam es hier war, können wir uns gar nicht vorstellen, aber hat sich in all den Jahrhunderten etwas geändert? Hat man aufgehört Menschen zu töten und Kriege zu führen? Nein! Selbst die Päpste haben Kriege geführt, haben ihre Interessen mit Macht und Gewalt durchgesetzt. Sie hatten keine Zeit sich um die Menschen zu kümmern, weil sie mit dem Bau von Palästen beschäftigt waren. Ihnen ging es ums Geld. Sie haben gelebt, als ob sie noch nie etwas von Jesus gehört hätten. Und heute? Was hat sich heute geändert? Die Päpste führen zwar keine Kriege mehr, aber wie viele Menschen werden heute noch getötet und verletzt? Nicht nur durch Waffen, sondern durch Worte und Taten. Korruption in der Vatikanbank. Geldwäsche mit Hilfe der Mafia. Der Vatikan ist ein scheinheiliger Haufen, der nach außen heilig tut und mahnt…" Roberto wurde jetzt wütend und er setze fort: „aber innerlich sind sie auch nur Menschen, die Fehler machen!" Lukas sah Roberto betrübt und erschrocken an: „Du gehörst jetzt auch zu diesem ‚Haufen', du bist bald selbst Bischof", stellte er deutlich klar. „Ja, ich werde zum Bischof geweiht, aber ich mache es anders … und morgen, wenn wir den Papst sehen, werde ich damit anfangen", sagte Roberto entschlossen, mit einem Lächeln auf seinen zarten Lippen.

Acht Stunden später eilte Pater John durch die vatikanischen Gärten. Es war spät geworden, er hatte sich mit Freunden in einem Restaurant getroffen. Es war eine schwarze Nacht, ohne Mond und Sterne. Leichter Nebel war aufgezogen und ein frischer Wind zog durch die Gärten und ließ die Blätter in den Bäumen und Büschen rauschen. Ihn fröstelte es und er spürte, dass etwas nicht stimmte. Plötzlich standen sie da, vermummt und bewaffnet. Sie waren zu dritt und umkreisten ihn. Dann sagte der Größte, mit der Stimme eines Bären: „Es reicht, Sie hören unverzüglich auf, Ihren Gedanken freien Lauf zu lassen. Sie passen sich an oder Sie verschwinden!" „Und wenn nicht?", fragte John herausfordernd, obwohl er sich beinahe in die Hose machte. „Dann Gnade Ihnen Gott!" Mit diesen drohenden Worten gab der Mann dem Pater eine Ohrfeige, die so stark war, dass Pater John zu Boden ging. So plötzlich wie sie gekommen waren, verschwanden sie auch wieder. Pater John legte die letzten Meter bis zu seiner Wohnung im Sprint zurück.

Sie standen in einer Reihe in einem Saal des apostolischen Palastes. Roberto mitten drin. Bischöfe aus vielen verschiedenen Ländern. Roberto sah sich staunend in dem Saal, in dem sie standen, um. Gemälde von den besten Künstlern der damaligen Zeit schmückten die Wände. Die vergoldete Decke leuchtete im Sonnenlicht, das durch die großen Fenster herein flutete. Es war kurz vor 11 Uhr, um 11 Uhr sollte jeder Bischofsanwärter die Möglichkeit haben, mit dem Heiligen Vater für circa ein bis zwei Minuten allein sein zu können, um kurz mit ihm zu reden. Roberto hatte darauf verzichtet Lukas als Dolmetscher mitzunehmen, da er wusste, dass der Papst deutsch sprach. Papst Paul X. war zwar aus Frankreich, sprach aber, da er mehrere Jahre in Deutschland gelebt hatte, deutsch. Eine Glocke schlug die volle Stunde und Papst Paul X. trat in Begleitung mehrerer Kardinäle in den Saal. Er begann die Reihe von Bischöfen abzugehen. Er gab jedem die Hand und sprach kurz mit jedem. Kopf an Kopf flüsterten Papst und Bischof längere Zeit lang, bevor der Papst zum nächsten überging. Als er bei Roberto angelangt war und Roberto einen Kniefall andeutete und seinen Fischerring küssen wollte, verzog Paul X. ablehnend das Gesicht. Nachdem er sich vorgebeugt hatte und die Gesichter der beiden nah beieinander waren, fragte Roberto schnell, bevor der Papst beginnen konnte: „Könnten wir uns bitte auf Deutsch unterhalten? Mein Italienisch ist nicht besonders gut." Das Gesicht von Paul X. begann zu strahlen, während er sagte: „Das freut mich aber, dass Sie mit mir deutsch sprechen wollen. Ich habe nur gute Erinnerungen an Deutschland, es waren sehr schöne Jahre und ich habe schon seit Ewigkeiten kein Deutsch mehr gesprochen. Was sagen Sie denn dazu, dass Sie Bischof werden?" Robin sah den Papst an und erwiderte: „Ich war total überrascht und habe erst geglaubt, dass es ein Aprilscherz war." Paul X. sah Roberto verwundert an: „Aber warum denn?" Roberto antwortete: „Ich bin nicht so wie die anderen. Ich ärgere mich über viele kirchliche Entscheidungen, ich stelle bestimmte kirchliche Dinge in Frage und mich machen sie zum Bischof?" Roberto stand leicht zweifelnd da, während Paul X. stirnrunzelnd vor ihm stand und dann nur sagte: „Haben Sie einen Wunsch, den ich Ihnen erfüllen kann?" „Nein, das können Sie nicht", sagte Roberto, „aber sie können mich unterstützen." Dabei sah Roberto dem Papst tief in die Augen: „Ich wünsche mir eine neue Kirche." Paul X. stand wie vom Donner gerührt da, dann sagte er schließlich: „Kommen Sie heute Abend um 19 Uhr in meine Wohnung im Apostolischen Palast!" Ohne sich zu verabschieden ging er zum Nächsten. Mit dem Papst waren mehrere Kardinäle eingetreten, die nach Robertos Äußerungen zu einer „neuen Kirche" zu tuscheln begonnen hatten und empört zu ihm herüberschauten. Plötzlich löste sich Kardinal Rodrigo aus der Gruppe, trat zu ihm und zog ihn ein Stück zur Seite: „Was haben Sie mit dem Heiligen Vater gesprochen?", fragte er drohend. „Das geht Sie nichts an, Exzellenz", entgegnete Roberto forsch. „Doch, das geht mich sehr wohl etwas an!" Rodrigo wurde jetzt aufdringlich: „Ich habe mehr Macht als Sie, ich bin der Chef hier. Wir werden Sie von nun an im Auge behalten!" Und rauschte davon. Kopfschüttelnd ging Roberto zu seinem Platz zurück. Als Papst Paul X. den Raum verließ, sah er besorgt zu Roberto herüber, der nur unauffällig abwinkte.

Es war kurz vor 19 Uhr, als Roberto in Richtung der Papstwohnung im Apostolischen Palast ging. Mittags war er an der Spanischen Treppe gewesen und hatte mit Lukas einen Espresso getrunken. Jetzt, da die Sonne untergegangen war, zog ein kühler Wind auf. Um Punkt 19 Uhr stand er vor der Tür der Papstwohnung und wurde von einer Ordensschwester, die gerade die Wohnung schließen wollte, hereingelassen. Sie sagte ihm, dass der Papst in seinem Wohnzimmer, dritte Tür rechts, bereits auf ihn warten würde. Roberto streifte seinen Mantel und seine Schuhe ab und trat in den Raum ein. Paul X. saß in einem Sessel und stand auf, als Roberto hereinkam. „Ich liebe eure deutsche Pünktlichkeit. Herzlich Willkommen in der päpstlichen Wohnung." „Eure Heiligkeit", grüßte Roberto und wollte den Fischerring ergreifen. Doch Paul X. zog die Hand weg und sagte direkt: „Lassen Sie das bitte, ich möchte das nicht. Ich lasse es in der Öffentlichkeit nur geschehen, der Tradition willen." „Deshalb haben Sie so das Gesicht verzogen, als ich es heute Morgen bei Ihnen gemacht habe?", fragte Roberto. „Richtig, bitte setzen Sie sich, wir sind nun ganz allein, es ist sonst niemand hier." Sie nahmen Platz. „Als ich heute

Morgen ein Gespräch mit Kardinal Rigoros hatte, sagte er mir, er sei der Chef hier und er hätte viel Macht, das ist ein Scherz gewesen oder?" Roberto sah den Papst fragend an. „Nein, das war leider kein Scherz, ich bin hier nicht der einzige wahre Chef, ich bin eher die Verzierung." Er beugte sich vor und sah Roberto tief in die Augen: „Ich sehe die Aufrichtigkeit und Ehrlichkeit in Ihren Augen. Deshalb habe ich Sie eingeladen. Und sage Ihnen ganz frei: Der Papst ist ein Gefangener seines Hofstaates." Roberto erschrak über diese Offenheit des Papstes. „Wie meinen Sie das, Heiliger Vater?", erwiderte er. „Stellen Sie sich einmal vor, Sie sagen zu irgendeinem Thema Ihre Meinung, zum Beispiel, warum sollten Frauen nicht doch Priester werden dürfen … das Zölibat ist überflüssig oder Homosexuelle sind geliebte Kinder Gottes und zu achtende Menschen, was glauben Sie, was dann im Vatikan los ist? Das Schlimme ist, dass viele in diesem Hause nicht mit sich reden lassen. Wenn man als Papst mit so etwas daherkommt, drohen sie dir mit einer Kirchenspaltung, dann kann ich hier nicht mehr ruhig schlafen. Und versuchen Sie mal, unter solchen Umständen Reformen durchzuführen, wenn Sie von allen

Seiten blockiert werden …" Der Papst machte eine verzweifelte Handbewegung. „Das ist so, wie wenn Sie einen Raum in Ihrer Wohnung streichen wollen und alle, die Sie kennen, sagen Ihnen: ‚Mach das bloß nicht, die Farbe bringt Unglück!' und selbst der Verkäufer sagt: „Wie können Sie nur?" und dann sagt selbst Ihre Freundin: „Wenn du den Raum so veränderst, gehe ich!" Dann machst du es nicht mehr, selbst wenn du es dir ganz fest vorgenommen hast. Irgendwann hast du keine Lust mehr gegen so viele anzukämpfen … Aber reden wir doch über Sie, das ist interessanter!" Roberto, der sehr aufmerksam zugehört hatte, fragte nun: „Woher kennen der Zeremonienchef Kardinal Rodrigo und Staatssekretär Pietro mich?" Der Papst schaute ihn an: „Glauben Sie, wenn Sie bei sich zu Hause Kinder von nicht kirchlich verheirateten Paaren taufen, homosexuelle Paare segnen und eine riesige Diskussion über das Frauendiakonat in halb Deutschland anzetteln, fällt das nicht auf?" Paul X. lächelte: „Und plötzlich kommen wieder Menschen in die Kirche und sagen, eigentlich ist es super, wenn man es nur richtig macht. Ich finde es gut was Sie machen, aber bestimmte Personen hier haben Sie schon länger im Auge.

Und denen gefällt es natürlich überhaupt nicht, dass Sie jetzt Bischof werden und damit jetzt auch mehr Einfluss haben. Aber was wollen Sie denn nun von mir? Sie baten mich vorhin um Unterstützung!" Roberto nahm allen Mut zusammen: „Ich bitte um die Erlaubnis von Ihnen mit Unterschrift und Siegel, dass ich in meiner Diözese machen kann was ich will, ohne Ärger und Vorschriften zu bekommen."

Roberto stand am Fenster und sah auf das Stück Wiese, das in westlicher Richtung an den rechteckigen Palastbau anschloss. Vor zwei Wochen hatte er den Bischofspalast bezogen und da er jetzt noch mehr Zeit hatte als nach der Weihe, fast alle Gemeinden seiner Diözese besucht. In seinem Arbeitszimmer, einem großen Raum, der mit herrlichen Barockdeckenfresken versehen war, standen zwei Schränke, ein großer Schreibtisch und eine Zimmertopfpflanze. Sein Schreibtisch war jetzt schon heillos mit allerlei Papieren überladen. In diesem Moment klopfte es an der zweiflügeligen Tür und nachdem Roberto, ohne sich umzudrehen, „Herein!" gerufen hatte, trat Lukas mit einem Stapel Akten herein und sagte seufzend: „Diese Blätter bringen mich um, es hört einfach nicht auf. Du bist noch nicht einmal offiziell geweiht worden und jetzt ertrinken wir schon in Arbeit." Lukas trat zu Roberto ans Fenster und Roberto sagte, während er immer noch zum Fenster hinaussah: „Was bringst du mir denn jetzt schon wieder?" Während Lukas

Roberto verschiedene Papiere reichte, sagte er: „Das hier ist der Missbrauchsbericht unserer Diözese und das hier ist die Gästeliste zu deiner Weihe. Kardinal Franz Müller wird der Zelebrant deiner Weihe sein, den Rest lege ich dir auf den Schreibtisch." Roberto gab ihm die Gästeliste und sagte lächelnd: „Leg die auch auf den Schreibtisch, wenn du Platz findest und lass mich dann bitte alleine." Lukas nahm die Liste, stellte den Stapel auf den Schreibtisch und verließ geräuschlos den Raum. Während Lukas den Stapel auf den Schreibtisch stellte, war Roberto bereits in den Missbrauchsbericht vertieft. Er versank richtig darin und bekam gar nicht mit, als plötzlich Geschirr schepperte und Lukas laut schimpfend durch den Palast in Richtung Küche lief. Als Roberto fertig mit dem Text war ging er aus dem Zimmer, zog seine Jacke an und ging hinüber in den Passauer Dom. Als er im Altarraum stand, legte er den Bericht vor dem Tabernakel auf den Altarblock, trat einen Schritt zurück und legte sich flach vor dem Hochaltar auf den Boden. Während er den Rosenkranz betete, begann er vor sich hin zu weinen, so dass er sein Gebet unterbrechen musste. So lag er weinend und betend circa drei Stunden dort auf dem kalten Steinboden, bis Lukas die Kirchenpforte aufriss und hereingerannt kam. Bevor er nach Roberto rufen konnte, sah er ihn. Als Lukas Roberto so sah, wollte er zuerst zu ihm eilen, setzte sich dann aber in die erste Bank des Gotteshauses. Lukas hatte sofort das Stück Papier auf dem Altar gesehen und wusste nun, was Roberto tat. Nach einer halben Stunde trat er zögernd und lautlos zu Roberto, kniete sich neben ihn und wartete, bis Roberto sich regte. Roberto hatte mitbekommen, dass Lukas neben ihm kniete, er richtete sich unter Anstrengung und Lukas' Hilfe mühsam auf. Lukas erschrak fast zu Tode. Roberto war weiß wie die Wand, die Augen aber waren rot vom vielen Weinen. Seine Füße waren taub vom langen Liegen und Lukas musste ihn stützen. Roberto sagte: „Ich möchte zum Hauptportal hinaus." Nun traute sich auch Lukas etwas zu sagen: „Wir haben dich überall gesucht, ganze vier Stunden lang. Ich habe die ganze Stadt verrückt gemacht!" Roberto antwortete still: „Es tut mir leid, aber nach dem Lesen des Berichtes trieb es mich als erstes hier hin und dann hab' ich wohl die Zeit vergessen." Als sie aus dem Hauptportal traten, wirkte Roberto in der Sonne des Tages noch erschöpfter als in der Kirche.

Roberto grüßte alle, die ihnen über den Weg liefen wie immer. Diese sahen aber verwundert ihrem neuen Bischof nach, der jetzt im Moment wie ein hilfloses Kind wirkte. Nach einem gemeinsamen Abendessen ging Roberto zu Bett, während Lukas noch verzweifelt bis tief in die Nacht dicke Akten durcharbeitete.

Es war eng, obwohl die Sakristei des Passauer Doms nicht gerade klein ist. Da aber zehn Priester, ein Diakon, Kardinal Franz Müller, Roberto, Lukas, der Domdekan und noch eine große Schar Ministranten da waren, war es eng. Bis zu seiner Weihe hatte Roberto nur ein einfaches weißes Untergewand an und hatte bis zu diesem Zeitpunkt auch nichts Besonderes zu tun. Kardinal Franz Müller übernahm den Teil des Gottesdienstes, in dem Roberto noch kein Bischof war. Sein Einsatz sollte dann ab dem Hochgebet bis zum Schluss sein. Der Dom war brechend voll, als die Prozession mit Roberto und Kardinal Franz Müller zum Schluss in den Dom einzog. Als Roberto an den Bänken vorbeiging und seine vorherigen Ministranten aus Felden sah, die ihm zuwinkten, blieb Roberto stehen und winkte ihnen lächelnd. Die Prozession war schon im Altarraum angekommen, nur Roberto fehlte noch. Er musste jetzt nach vorne eilen, was ihm einigermaßen würdevoll gelang. Das Gesicht von Kardinal Franz Müller war ungehalten, als sie gemeinsam eine Kniebeuge in Richtung Hochalter und die Verneigung in Richtung Volk machten. Als der Kardinal den Gottesdienst vom Tagesgebet, über die Lesungen, Evangelium und die Predigt leitete, saß Roberto etwas abseits auf einem Stuhl, in seine Gedanken versunken. Seine Bischofsutensilien lagen auf dem Altar. Die Dinge, die er sich herausgesucht hatte: Einen aus Olivenholz geschnitzten Bischofsstab, der von unten nach oben aus einem Rundholz mit Griff in Form eines römischen Wurfspießes geformt war. Auf das Griffstück war ein in sich gedrehtes Rundholz aufgesetzt worden, aus dem die bekannte Bischofskrümmung hervorgeht. Diese Krümmung ist ebenfalls gedreht und mit Blättern und Ornamenten geschmückt. In der Mitte, also dem Ende der Krümmung, ist ein Herz eingearbeitet, in dessen Mitte ein Kreuz prangt. Auch dies ist künstlerisch ausgeschmückt. Und ein schmuckloses, an den Rändern abgerundetes Bronzekreuz, das bischöfliche Pektorale, an einer Lederschnur. Als Kardinal Franz Müller seine Predigt und die Fürbitten beendet hatte, begann die Zeremonie der Bischofsweihe. Zum Schluss wurde dem knienden Roberto die längliche weiße Mitra aufgesetzt. Auch diese hatte er sich vorher ausgesucht, genauso wie das weiße Messgewand, das einen grauen Touch hatte und vorne mit einer Lilie und hinten mit einer Rose bestickt war. Danach trat Roberto an den Ambo und sagte lächelnd: „Ich möchte Ihnen gerne meinen Bischofsstab erklären. Von unten bis zum Griffende stellt er einen Wurfspieß eines römischen Legionärs dar. Ich bin ein Kämpfer Gottes, aber meine ‚Waffe' hat keine Spitze. In der Krümmung sehen Sie ein Herz mit einem Kreuz." Roberto drehte den Bischofsstab so, dass die Gottesdienstbesucher die Querseite sehen konnten. „Meine Waffe ist kein spitzer und scharfer Speer, sondern sie ist die Liebe, Gottes Liebe zu uns Menschen und die Liebe untereinander." Nach diesen Worten trat er zum Altar, um mit dem Hochgebet und der Wandlung fortzufahren. Zum Austeilen der Hostien hatte Roberto den Domdekan, einen Priester und einen Diakon eingeteilt; den Domdekan vorne bei sich und die zwei anderen hinten. Als nach etwa der Hälfte des Austeilens ein Mann zu Domdekan Maier trat, gab dieser ihm mit einem Handzeichen zu verstehen, dass er weitergehen solle. Der Mann trat mit gesenktem Kopf zur Seite, machte eine Verneigung in Richtung Altar und ging mit hängenden Schultern zurück an seinen Platz. Roberto kam es so vor, als ob er kurz vor dem Weinen war. Er ließ die Frau, die vor ihm stand, stehen und lief dem Mann hinterher. Er erreichte ihn, kurz bevor er in die Bank gehen konnte. Der Domdekan stand wie vom Donner gerührt da und starrte Roberto hinterher, der den Mann nun erreicht hatte. Roberto nahm ihn zur Seite und fragte: „Was war das?" Der Mann antwortete: „Ich habe mich von meiner Frau scheiden lassen und der Herr Domdekan hat diese Scheidung von Kirchenseiten ‚bestätigt' und auch die Konsequenzen gezogen. Seither bin ich nicht mehr in die Kirche gegangen, da wir aber jetzt – er lächelte Roberto an – einen neuen Bischof bekommen haben, dachte ich, ich schau mal vorbei." Roberto sagte entschieden: „Ja jetzt bin ich Ihr neuer Bischof, aber sagen Sie, glauben Sie auch an das, was ich Ihnen jetzt aushändigen werde?" Der Mann antwortete: „Ja, so wahr ich hier vor Ihnen stehe, nur die Trennung von meiner Frau hat mich davon getrennt." Roberto sagte: „Nein, nicht die Trennung von Ihrer Frau, sondern die Kirche hat Sie von Jesus getrennt. Hier!" Roberto nahm eine Hostie aus seiner Schale und sagte: „Der Leib Christi." Er drückte sie dem Mann in die Hand und sah im tief in die Augen: „Kommen Sie wieder her. Jesus freut sich, wenn Sie kommen!" Tief berührt nahm der Mann die Hostie, sprach noch ein verspätetes ‚Amen' und ging an seinen Platz zurück. Die gesamte Kirche sah Roberto zu, als er wieder nach vorne ging und dort seelenruhig weiter die Hostien austeilte, als ob nichts gewesen wäre. Als die übrig gebliebenen Hostien im Tabernakel reponiert waren und alle saßen, stand Roberto noch immer am Altar. Und sagte mit fester und lauter Stimme: „Nicht die Gesunden brauchen den Arzt, sondern die Kranken!" Nach diesen Worten setzte er sich auf seinen Bischofssessel. Kardinal Franz Müller senkte den Kopf, während dem Domdekan das Blut ins Gesicht schoss. Lukas saß lächelnd da und hatte Schwierigkeiten seine Freude zu verbergen. Für etwa 2 Minuten hätte man eine Stecknadel fallen hören können. Beim Segen viel Roberto auf, dass sich die Reihen, vor allem da, wo vorhin seine Minis gesessen hatten, gelichtet hatten. Nach dem Segen sagte Roberto: „Im Anschluss lade ich Sie noch auf den Domplatz ein. Lassen wir diese schöne Feier noch bei Musik, Getränken und guten Gesprächen ausklingen! Ich ziehe mich nur kurz um und komme dann auch!" Als er zur Kirchentür hinausging, hatten sich schon viele Menschen versammelt, die mit Rosen Spalier standen, ganz vorne standen seine Ministranten. Beim Ausziehen der Messgewänder zog Kardinal Franz Müller Roberto zur Seite und sagte: „Ich bitte Sie, machen Sie so weiter, auf genau solche Menschen hat Gott gewartet!" Als Domdekan Maier gehen wollte, sagte Roberto: „Wo wollen Sie denn hin? Wir wollen doch noch feiern!" Der Domdekan sagte vorsichtig: „Ich doch auch." Roberto antwortete verdutzt: „Ja warum denn nicht, wir gehen alle." Er drehte sich einmal um sich selbst und zeigte so auf alle, die noch um ihn herumstanden.

Roberto saß am Schreibtisch, als es klopfte. „Herein!" Roberto war in ein Protokoll vertieft und sah erst auf, als Lukas bereits vor ihm saß. „Du hast mich rufen lassen, was gibt´s?" Lukas hatte Block und Stift dabei und war bereit die Anweisungen des „Herrn Bischofs" entgegen zu nehmen. Roberto stand auf und ging hinter seinem Schreibtisch auf und ab. „Da ich jetzt offiziell der Bischof bin, habe ich ein paar Verordnungen und Aufträge." Roberto blieb am Fenster stehen und sah hinaus auf den Marktplatz. „Ich möchte eine Liste aller Haushaltspläne der Diözese. Jede Gemeinde und jedes Kloster, muss einen Plan mit dem verfügbaren Geld, den Ausgaben und Einnahmen erstellen. Genauso das Domkapitel und alle bischöflichen Einrichtungen. Am Ende des Jahres habe ich hier einen Bericht und eine Zahl über das Vermögen meines Bistums. Außerdem will ich wissen, was mit den großen Geldbeträgen passiert. Wie viel Geld ein Dorf für seine Kerzen ausgibt, interessiert mich nicht, aber ab einer Höhe von 200 Euro müssen sie es mir aufschreiben und zu mir bringen. Hast du das?", fragte Roberto ohne sich umzudrehen. „Ja", antwortete Lukas kurz. „Gut." Roberto drehte sich um und lehnte sich gegen den Fenstersims. „Außerdem will ich eine Liste von allen Tätern und Opfern des Missbrauchsskandals!" „Aber das...", setzte Lukas an, doch Roberto fiel ihm ins Wort. Seine Stimme war jetzt kalt und scharf wie ein Schwert: „Alle, hörst du, alle! Und melde der Staatsanwaltschaft, dass bald eine lange Liste bei ihnen eintreffen wird, die sie zu bearbeiten haben." „Das darfst du nicht, du bekommst Ärger von ganz oben, bitte erspare uns das." Lukas war von Robertos Stimmungsschwankungen gehörig erschrocken. Roberto schlenderte lächelnd zum Schreibtisch, zog einen Schlüssel aus seiner Hosentasche, schloss die unterste Schublade seines Schreibtischs auf und zog ein Kuvert heraus. „Doch, das darf ich", sagte er herausfordernd und reichte Lukas das Kuvert: „Hier lies, das habe ich mit dem Papst ausgehandelt. Deshalb darf ich auch die Klöster delegieren die unter päpstlichem Recht stehen, obwohl ich da eigentlich nichts zu sagen habe." Lukas öffnete das mit dem Siegel des Papstes versehene Schreiben und war schon etwas beruhigter. Als er das Papier gelesen hatte sagte er lächelnd, während er Roberto das Papier reichte: „Alles klar, ich veranlasse alles." Beim Hinausgehen drehte er sich nochmal um und sagte: „Denk bitte an das Interview, das heute Mittag um drei stattfindet." „Ja, danke für die Erinnerung, wir sehen uns beim Essen. Frau Löffler macht Bratwurst mit Kartoffelsalat." Lukas verließ lachend Robertos Büro.

Vier Stunden später saß Roberto in einem Zimmer neben seinem Büro. Das Interview wurde in dieses Zimmer verlegt, da sein Büro mit Papier und Akten überladen war. Roberto war gerade dabei seine Zimmerpflanzen am Fenster zu gießen, als es klopfte und Lukas in Begleitung einer Frau und eines Mannes den Raum betrat. Roberto stellte die Gießkanne auf den Fenstersims, breitete seine Arme aus und sagte lächelnd „Herzlich willkommen!" Während er ihnen die Hand gab, zeigte er mit der anderen auf eine Sitzgruppe und sagte: „Bitte, nehmen Sie Platz!" Nachdem sie saßen, sagte er: „Sie müssen mir verzeihen, sollte ich eine Frage nicht beantworten können, ich bin noch so neu hier." Die Frau zog einen Block und Stift aus der Tasche, während sich der Mann die Nase putzte. „So, dann fangen wir mal an", sagte die Frau, während sie auf ihrem Block kritzelte und dann aufschaute: „Jetzt sind Sie Bischof. Wie fühlt sich das an und was haben Sie ihren Gläubigen zu sagen?" Roberto antwortete und begann dabei sich in seinem Sessel zu drehen: „Ich habe es erst nicht geglaubt, weil mein Sekretär Lukas, der Sie gerade hereingebracht hat, mir diese Nachricht dieses Jahr am Osterfest überbracht hat. Also, wie Sie wissen, am 1. April. Momentan fühle ich mich leicht überfordert. Sie sollten mal mein Büro sehen. Auch Lukas hat keine Langweile." Roberto lächelte und fuhr dann fort: „Aber ich freue mich, diese schöne Diözese zu gestalten und habe auch viel vor. Meinen Gläubigen möchte ich sagen, dass sie mir alle Sorgen und Probleme schreiben dürfen. Ich werde dann für sie beten. Ich habe mir vorgenommen, täglich morgens eine Stunde in meiner Kapelle zu sitzen um diese Briefe zu lesen und für die Menschen zu beten. Vielleicht können Sie das auch als Überschrift nehmen? „Schreiben Sie mir, ich bete für Sie!" Der Mann sagte: „Ja, das klingt nicht schlecht, das können wir machen. Haben Sie auch eine Befürchtung?" Roberto runzelte die Stirn und sagte dann ehrlich: „Ja, dass ich im Bischofsmantel nicht genug Mensch sein kann".

Der Tisch, an dem sie saßen, war üppig gefüllt mit einem Frühstück der besonderen Klasse. Um den Tisch saßen Thomas Högerle, Erzbischof von München-Freising und Vorsitzender der Bischofskonferenz, Roberto Hoffer, Bischof von Paussau, Friedrich Kohl, Erzbischof von Köln, und Michael Kaspar, Bischof von Mainz, der Gastgeber, bei dem die oben aufgezählten Bischöfe seit mehreren Tagen zu Gast waren. Die anderen Bischöfe waren anderweitig untergebracht und waren bei diesem Frühstück deshalb nicht anwesend. Die Sonne schien zum Fenster herein, während die Bischöfe über die Konferenz der deutschen Bischöfe sprachen. Es gab ein paar Hardliner, die sich mit aller Gewalt gegen Reformen und Lockerungen des Kirchenrechts stellen. Der Erzbischof von Köln sagte gerade empört, während er sich ein Baguette schmierte: „Wie können sie es wagen sich so gegen den Rest zu stellen, den Großteil?" Man sah, was er von diesen hielt. Roberto sagte seelenruhig: „Ich mach es trotzdem", und schob sich ein Stück Apfel in den Mund. Der Mainzer Bischof sagte unterstützend: „Ja wir machen das dann wohl alle, aber uns muss klar sein: Es geht hier um mehr als um einen kleinen Streit. Sollte er je eskalieren, droht uns eine Katastrophe." Der Erzbischof von München-Freising sagte mit erhobener Hand in Richtung Roberto: „Das machst du dann aber illegal!" Dieser zuckte mit den Schultern. Nach einer Pause sagte Roberto mit säuerlicher Miene: „Mir reicht es jetzt. Diese Männer leben weiß der Geier wo, aber nicht mehr in unserer Gesellschaft. Wir sind nicht mehr Teil dieser Welt. Wir entfernen uns immer weiter. Die Leute kommen nicht mehr zu uns und das hat mehr als einen Grund. Diese Personen denken, sie wissen alles, aber in Wirklichkeit wissen sie gar nichts. Sie haben keine Ahnung, wie es den Menschen geht, weil sie solche Probleme nicht haben." Er knallte sein Glas mit solcher Wucht auf den Tisch, dass etwas Orangensaft auf die Tischdecke schwappte. „Diese machtbesessenen Monster sind in ihrer Rolle des Bischofs gefangen, sie sind in ihrer Funktion erstarrt. Die hatten noch nie eine Liebesbeziehung." Roberto wurde jetzt laut: „Sie wissen nicht was es heißt zu lieben und zu verlieren, und gerade dann, wenn die Menschen uns brauchen, knallen wir ihnen die Tür vor der Nase zu." Der Bischof von Mainz warf ein: „Nein, da sind sie schon selber schuld!" „Ach ja…" Roberto sah ihn mit einem scharfen Blick an: „Hat unser Herr je einen Menschen weggeschickt, nein, es war ihm egal, was der Mensch äußerlich gemacht hat, das Innere war ihm wichtig." Er sah fragend in die Runde. „Müssen wir dann nicht auch tun, was er getan hat?" Nach diesen Worten war eine Weile Ruhe, bevor der Kölner Erzbischof vorsichtig fragte: „Ja aber, was machen wir mit den anderen?" „Die kriegen wir schon noch rum", sagte Roberto, während er sich noch ein weiteres Schwarzbrot nahm. Nach weiteren Gesprächen beendeten sie das Frühstück und gingen in den in der Nähe liegenden Konferenzsaal, in dem sich bereits alle anderen eingefunden hatten. Vor Beginn jeder Sitzung wurde ein gemeinsames Gebet gesprochen. Dieses Mal war Roberto an der Reihe. Nach dem Kreuzzeichen sagte er: „Jesus, wir sind jetzt wieder hier, wir reden und diskutieren zum Wohl deiner Kirche, lass uns die richtigen Entscheidungen treffen und öffne uns die Augen, damit wir Deinen Willen erkennen, zum Wohle aller. Amen."

Nun zogen sich die Debatten lang und breit über den gesamten Vormittag hin.

Als sie das Mittagessen beendet hatten, stand Roberto auf und ging in den Bischöflichen Garten neben dem Dom. Die restlichen Bischöfe blieben noch sitzen bis auf Thomas Högerle, den Erzbischof von München-Freising. Mit großem Abstand folgte er Roberto, der den Gang entlang schlenderte und die Treppe ins Erdgeschoss hinunterging. Als er draußen stand und sein Gesicht in die Sonne hielt, trat Thomas neben ihn und sprach ihn an: „So ein schöner Tag, was? Die Sonne, die Vögel - herrlich. Ich leiste Ihnen ein wenig Gesellschaft, wenn es recht ist." Roberto begann den Weg, der rechts und links mit Tulpen und sonstigen Blumen gesäumt war, entlangzugehen. „Denken Sie bitte daran, dass Sie im Abschlussgottesdienst predigen dürfen." Roberto fragte: „Warum eigentlich ich?" Thomas antwortete: „Normalerweise darf der, der möchte, doch, wenn ein neuer dazukommt, darf er bei seinem ersten Mal das Evangelium heraussuchen und die Predigt halten. Mit herausgekommen bin ich aber wegen etwas Anderem. Ich habe hier einen Brief." Er reichte Roberto einen Bogen

Papier. „Ich habe ihn heute Morgen erst bekommen und würde gerne wissen, was Sie davon halten." Roberto lief den Weg weiter in Richtung Obstwiese, vertieft in den Brief. Thomas lief schweigend neben ihm her. Nach einer Weile blieb Roberto stehen, drehte sich zu ihm um und fragte verwundert: „Was ist das?" Thomas sagte: „Lassen Sie uns weitergehen." Beide setzten sich in Bewegung und Thomas begann zu erzählen: „Der Brief ist von einem französischen Priester, der über bestimmte Dinge so denkt wie Sie und ich, nur viel radikaler. Er hat diesen Brief an alle Geistlichen Europas mit Rang und Namen verschickt, um deutlich zu machen, was er von unserer Kirche hält. Er ist stark entflammt von der Liebe Gottes und sein treuer Diener, aber er kommt mit unserer Kirchenstruktur nicht klar. Er geißelt, man kann es nicht anders nennen, die Kirchenhierarchie. Der Mann - Thomas sah Roberto an - hat mehr Ahnung als man denken könnte. Er sagte, es sei eine Schande, dass nicht der Papst die Macht hat, sondern eine Hand voll Kardinäle, die die ‚Marionette' Papst lenken." An dieser Stelle hielt Thomas kurz inne und schaute auf: „Was leider zu Teilen auch stimmt! Der Papst ist zwar der Chef, hat aber nicht die absolute, alleinige Macht, die ihm vom Amt her zustehen würde." Roberto bejahte das: „Ja das stimmt, ich habe mit dem Heiligen Vater selbst darüber gesprochen." Thomas sah Roberto erstaunt an, fuhr dann aber fort: „Außerdem sagte er, dass die Situation mit der Frau in der Kirche zum Himmel schreit. Er sagt, dass es unserer Kirche heutzutage noch schlechter gehen würde, wenn wir keine Frauen hätten, die den ehrenamtlichen Dienst ausüben würden. Was leider ebenfalls stimmt." Roberto sah, dass Thomas innerlich mit sich kämpfte, während er aber weiterzusprechen versuchte: „Viele deutsche Gemeinden wären ohne Frauen überhaupt nicht denkbar." Er sah Roberto traurig an. „Dieser Priester führt uns vor Augen, was wir seit langem versuchen auszublenden. Er spricht die Wahrheit, auch wenn es eine unangenehme Wahrheit ist. Auch spricht er über das Geld in der Kirche. Ein ganz heißes Thema. Er spricht von Millionenbeträgen, mit denen man in Afrika viele Menschen ernähren könnte und die hier für Leuchter, Gewänder und Messgeschirr ausgegeben werden. Auch da hat er Recht!" Roberto sah nun, wie Thomas verzweifelt mit seiner Kraft am Ende war. „Bei uns häufen sich Millionen, die dann nicht mal sinnvoll genutzt werden. Sie werden nach Holland oder Luxemburg geschafft, damit man keine Steuern bezahlen muss. Wir sind am Ende." Er sah Roberto an: „Wenn wir nichts machen, geht es so weiter, dann gibt es uns bald nicht mehr. Wir verlieren die Schafe, die man uns anvertraut hat, weil wir uns nicht mehr um sie kümmern. Uns ist Sturheit wichtiger als Verständnis." Thomas wirkte jetzt nicht mehr wie ein würdevoller, starker Bischof und Kardinal, sondern wie ein Mann, den die Sorge um etwas, das ihm wichtiger war, zerfraß. Roberto ging es nicht viel besser. Schweigend gingen sie nebeneinander her. Nach einer Weile sagte Roberto: „Kommen Sie mit, ich möchte Ihnen etwas zeigen." Thomas begab sich auf Anweisung von Roberto in die Privatkapelle, während er selbst in sein Zimmer lief und kurz darauf mit einem Bild in der Hand ebenfalls in der Kapelle eintraf. Er setzte sich neben Thomas, reichte ihm das Bild und sagte: „Dieses Bild begleitet mich schon seit vielen Jahren." Thomas nahm es und sah es an: „Es zeigt das Schönstätter Gnadenbild, es hat mir auch in schweren Zeiten Kraft gegeben. Ich finde, dass dieses Bild Ruhe und Kraft ausstrahlt." Thomas sah das Bild eine Weile an, legte es vor sich auf die Bank, kniete sich hin und begann zu beten. Roberto tat es ihm gleich. Doch irgendetwas hielt ihn von der inneren Ruhe ab. Schließlich gab er es auf. Er stand auf und trat zum Fenster. Die kleinen Fenster der Kapelle zeigten in Richtung Markt und Domplatz. Jetzt sah er, was ihn gestört hatte: Da standen fünf Personen um zwei Dunkelhäutige herum. Sie traten mit den Füßen nach ihnen und schrien etwas. Roberto lief aus der Kapelle, die Treppen hinunter, hinaus auf den Domplatz. Thomas war verwundert aufgestanden und trat zum Fenster. Roberto hatte die Personen jetzt erreicht und schrie: „Aufhören, um Himmelswillen, sofort aufhören!" Die Personen drehten sich um, sahen ihn erst verwundert an und begannen dann zu lachen. Dann fragte einer: „Warum denn das? Diese Kanaken sollen dahin zurück, wo sie hergekommen sind." Er spuckte in die Richtung der Dunkelhäutigen. Roberto war schon wütend, doch nach diesen Worten platzte ihm der Kragen. Er holte ohne nachzudenken aus und gab dem Mann vor sich eine kräftige Ohrfeige, so dass dieser zu Boden ging. Benommen lag er da. Die anderen wichen erschrocken von der Wucht der Ohrfeige zurück. Sie dachten sich: Ein so kleiner Mann bringt einen Felsblock zu Boden, durch eine Ohrfeige? Das kann nicht sein, hierfür reicht die Kraft seiner Hand niemals aus! Doch schon legte Roberto nach: „Diese Kanaken, wie Ihr sie beschimpft, sind Menschen genauso wie Ihr!" Er war jetzt in Rage, heiliger Zorn hatte ihn gepackt: „Diese sind wertvoller, als Ihr es jemals sein werdet. Diese Menschen suchen bei uns Schutz und Hilfe, weil sie in ihren Ländern verfolgt werden oder dort schrecklicher Krieg herrscht. Euch wird alles in den Arsch geschoben, aber diese Menschen begeben sich unter Lebensgefahr auf ein Schlauchboot, weil sie sich denken, selbst wenn ich im Mittelmeer ertrinke ist es egal, ich habe ja eh nichts zu verlieren. Und dann geht Ihr so mit ihnen, wie mit Tieren um." Roberto sah fragend in die Runde. Auf den Domplatz war Ruhe eingekehrt, selbst die Vögel hatten aufgehört zu pfeifen.

Der Abschlussgottesdienst im Mainzer Dom fand unter gemischten Gefühlen statt. Man hatte sich auf nichts einigen können, die Bischofskonferenz war nur noch mehr gespalten. Auf der einen Seite standen Reformer und auf der anderen Seite die „Sturen", wie Roberto sie gerne nannte. Er stand am Ambo und war gerade mit dem Lesen des Evangeliums beschäftigt. Er hatte sich das Gleichnis vom Senfkorn herausgesucht. Bei seiner Predigt hatte er sich als Ziel gesetzt, die „Sturen" zum Nachdenken zu bewegen. Nachdem sich alle gesetzt hatten und Roberto seinen Zettel hervorzog, begann er mit seiner Predigt. Vielleicht, so grübelte er noch, hätte er unter diesen Umständen diesen Dienst nicht annehmen dürfen. Thomas war der Einzige gewesen, der ihn auf die gestrige Situation angesprochen hatte. Alle anderen schwiegen darüber, und es war eine unangenehme, drückende Stimmung für Roberto. Denn sie schienen alle dasselbe zu denken: Ein junger Bischof, der mit Nachdruck für das Richtige eintreten will, will uns belehren? Ein Bischof der erst seit zwei Wochen im Amt war? Der hat doch keine Ahnung von der kirchlichen Hierarchie und Struktur. Doch Roberto beschloss das Beste aus dieser Predigt herauszuholen und sich von diesen alten Männern nicht den Mut nehmen zulassen. Denn er selbst spürte auch, dass es Männer in dieser Gruppe gab, die gleich dachten, sich aus irgendeinem Grund nicht trauten dies öffentlich zu äußern. ‚In dieser Kirche muss viel verändert werden und heute kann ich, ganz klein mit dieser Predigt, damit anfangen‘ dachte Roberto voller Hoffnung und neuen Mutes.

20.11.2015 - Frankreich

Henry Matisse wusste bereits beim Abschicken des Protestbriefes, dass dieser Konsequenzen nach sich ziehen würde. Er hatte gerade das Abendessen beendet, als es klingelte. Als er die Tür öffnete und dort drei Personen in weiten schwarzen Gewändern vor im standen, wusste er, dass die Konsequenzen nun buchstäblich ins Haus standen. Trotzdem lächelte er und begrüßte sie freundlich: „Hallo, was kann ich für Sie tun?" Der größte Mann sagte: „Sie wissen, warum wir hier sind! Los, rein!" Er schubste Henry grob ins Haus zurück. Als sie im Essraum standen, sagte er: „Holen Sie Papier und Stift und setzen Sie sich." Henry eilte ins Nebenzimmer und kam, wie ihm unfreundlich angewiesen worden war, mit Papier und Stift zurück. Der Mann, der sprach, lehnte an die Spüle, während die anderen nur stumm auf den Stühlen saßen und zuschauten. Nachdem Henry saß, diktierte ihm der Mann, der an der Spüle lehnte: „Schreiben Sie auf", während er eine Pistole aus der Tasche zog: „Ich Henry Matisse, bin in meinem Brief, den ich an alle Würdenträger der heiligen Kirche geschrieben habe, von geistiger Verwirrung und Irrglauben geführt geworden. Ich armer Diener Gottes habe Dinge gesagt, die Teufelsgeschwätz gleichkommen." Henry, der bis dahin folgsam mitgeschrieben hatte, sagte nun: „Nein, das bestreite ich." Der Mann richtete seine Pistole auf ihn und knirschte: „Sie sind wahrhaftig vom Teufel besessen außerdem haben sie gar nichts zu sagen, weiterschreiben, wird's bald!" Henry beugte sich zu seinem Blatt, nahm seinen Stift und wartete auf die nächsten Zeilen Text, die auch gleich folgten: „Ich entschuldige mich hiermit und bitte um Verzeihung. Ich schäme mich für das, was ich getan und geschrieben habe und habe beschlossen, nun in ein stark abgeschirmtes Kloster zu gehen, um bei Gott um Vergebung zu bitten. Auch bitte ich euch für meine arme und verirrte Seele zu beten. Ihr beschämter Gottesknecht Henry Matisse." Der Mann gab Henry noch die Anweisung: „Unterschrift und Fingerabdruck drunter und in einen Umschlag stecken!" Dann nahm er den Brief an sich, streckte ihn in die Tasche und sagte drohend: „Wir sehen uns wieder." Mit diesen Worten sprangen die Männer, die auf den Stühlen gesessen hatten auf und liefen im Eilschritt nach draußen. Henry blieb verdutzt sitzen, er hatte mit einer anderen Reaktion gerechnet. Als er die Tür, die offenstand, schließen wollte, bemerkte er zu spät, dass hinter der Tür ein Mann mit einem Messer stand. Dieser rammte es Henry mit voller Kraft zwischen die Schulterblätter. Es knirschte, als ihm das Messer in den Rücken fuhr. Das Blut spritzte an die Wand und er sackte in sich zusammen. Aus seiner Wunde floss Blut und tränkte sein T-Shirt. Er lag auf dem Boden, in einer Lache seines eigenen Blutes. Der Mann hinter ihm sagte höhnisch: „Du störst nur, deshalb ist es besser so", und versetzte ihm einen Tritt. Leise flüsterte Henry: „Ich komme, oh Gott, zu dir." Dann verlor er das Bewusstsein.

10.04.2016 - Passauer Marktplatz

Es war ein schöner sonniger Tag. Roberto saß in einem alten VW-Bus, den er zum Beichtmobil umgewandelt hatte. Momentan war niemand bei ihm und er war in Gedanken versunken. Sein Mobil zeigte großen Erfolg. Menschen kamen nach dem Einkauf, um zu beichten oder einfach nur um zu reden. Roberto schnürte es immer wieder die Kehle zu, wenn er manche Schicksale hörte. Er bemühte sich die Menschen zu beruhigen. Er hörte ihnen zu, hielt ihre Hand oder nahm sie in den Arm. Er hatte die Fenster seines Busses mit Vorhängen ausgestattet, die Sitze entfernt und zwei bequeme Stühle in den somit vorhandenen, leeren Raum gestellt. Wenn die Tür offenstand, war es das Signal, dass die Menschen eintreten konnten. In diesem Moment kam eine Frau herein. Sie setzte ihre Einkaufstasche ab und Roberto schloss die Tür des Autos. „Bitte nehmen sie doch Platz." Er zeigte auf einen der zwei Stühle und fragte: „Was kann ich für sie tun?" Roberto schätzte sie auf 40 Jahre. Sie war dünn und groß, und hatte schulterlanges schwarzes Haar.

„Ich … Ich bin nicht von hier aus der Stadt, sondern von etwas weiter entfernt", begann sie stockend zu erzählen. „Mein Kind ist im Alter von zehn Jahren gestorben, das war vor drei Jahren, ich habe es bis heute nicht wirklich verkraftet." Sie sah zur Seite und war den Tränen nahe. Die Frau suchte nach Worten. „Deshalb bin ich hergekommen, weil man über Sie sagt, Sie könnten heilen in ganz besonderer Form. Ich habe gehofft, dass sie mir helfen können." Sie sah Roberto erwartungsvoll an. Er betrachtete sie eine Weile schweigend und fragte dann: „Wie ist Ihr Kind denn gestorben?" Die Frau begann zu weinen. Roberto sagte schnell: „Sie müssen es nicht erzählen, wenn Sie es nicht wollen!" Die Frau fing sich wieder und begann zu erzählen. „Mein Sohn Max war mit dem Fahrrad unterwegs. Ich ließ ihn nie ohne Helm gehen. Aber in der Gruppe, in der er war, war es ‚uncool', wenn man einen Helm trug. Deshalb hatte er seinen Helm am Lenker hängen. Durch die Gruppe war er abgelenkt und achtete weniger auf die Autos. Er übersah ein Auto, das aus einer Hofeinfahrt kam. Er fuhr gegen den vorderen Autoreifen und flog über die Autohaube. Er landete auf seinem Kopf, ohne Helm. Im Krankenhaus wurde bestätigt, dass er einen Schädelbruch hatte und dann..." Der Frau versagte die Stimme und ihr liefen Tränen über das Gesicht. Roberto nahm Sie sachte in den Arm. So saßen sie dann eine Weile da, bis die Frau sich beruhigt hatte. „Dann war ich selbst noch im Krankenhaus." Roberto sah die Frau fragend an. „Ich bin am Sarg zusammengebrochen." Sie wischte sich die Tränen ab und Roberto sagte: „Sie haben um Ihr Kind geweint, aber stellen Sie sich einmal vor, Sie seien gestorben und Ihr Kind weint an Ihrem Grab. Was würden sie ihm dann sagen wollen?" Er sah die Frau fragend an. „Sie würden sagen wollen: Bitte Kind, hör auf zu weinen. Ich kann, hier im Himmel nicht glücklich sein, wenn du weinst. Wir sehen uns wieder." Nach einer kurzen Pause reichte er ihr einen Zettel. „Das hier ist die Geschichte von den Fußspuren im Sand. Ein Mann läuft am Strand entlang. Es gibt zwei Fußspuren: seine und Gottes. Als der Mann zurückblickt, sieht er an manchen Stellen nur ein paar Fußspuren und gerade da, wo er es am schwersten hatte. Deshalb fragt er Gott voller Zorn. ‚Warum hast du mich allein gelassen?' Und da antwortet Gott: ‚Mein liebes Kind, nie hab' ich dich allein gelassen. Da, wo du nur ein paar Fußspuren siehst, da habe ich dich getragen'." Er sah die Frau mit einem Lächeln an. Dann zeichnete er ihr ein Kreuz auf die Stirn. „Gott ist immer da, versprochen. Ich werde für Sie beten!" Die Frau war wieder den Tränen nahe: „Danke." Sie packte den Zettel ein, nahm ihre Tasche und wollte hinausgehen, dann drehte sie sich noch einmal um, bedankte sich nochmals, dann ging sie hinaus. Roberto hing wieder seinen Gedanken nach. Der Finanz- und Missbrauchsbericht war pünktlich bei ihm abgegeben worden. Um den Missbrauchsbericht hatte Lukas sich selbst gekümmert, doch der Finanzbericht hatte Probleme bereitet. Erst, als Roberto sämtliche Konten sperren ließ, waren auch die „Stursten" bereit gewesen bei diesem Bericht mitzuarbeiten. Die Ausgabensperre hatte zur Folge, dass es ungefähr drei Wochen lang keine Kerzen im Dom gegeben hatte. Das machte Roberto wenig aus, gefallen hatte es aber nicht allen. Er zog ein paar Bögen Papier aus einer Schublade und überflog den Inhalt. Den Finanzbericht ließ er gerade von auswärtigen Fachkräften prüfen. Sollte er sich als nicht korrekt erweisen, würde alles wieder von vorne losgehen. Roberto seufzte, doch den Missbrauchsbericht hatte er hier. Irgendetwas hatte ihn bisher davon abgehalten ihn bei der Staatsanwaltschaft abzugeben. Auch aus dem Vatikan hatte er keine guten Nachrichten von Thomas, dem Erzbischof von München-Freising, vernommen. Er hatte in einem langen Brief darüber geklagt, dass nichts voranging. Er sagte, Reformen im Rom seien, wie wenn man gegen eine Mauer rennen würde. Außerdem sprach er von einem tiefen Graben, der die Kirche spaltete, Reformer und Konservative. Keine Brücke der Welt könne diesen Spalt überwinden. Es gab selbst Kardinäle, die den Missbrauchsskandal, ja selbst die eigenen Finanzaffären als Medienerfindung abtaten. Das Schlimmste aber war, dass der französische Priester, der den Rundbrief verschickt hatte, spurlos verschwunden war. Es gab zwar seinen Brief, doch Roberto glaubte nicht an seine Echtheit. Er rechnete fest damit, dass er nicht mehr lebte. Roberto seufzte, warum war nur alles so schwer. Er legte die Blätter zur Seite, weil eine weitere Frau eingetreten war. Roberto schloss die Tür und setzte sich der Frau gegenüber. „Was kann ich für Sie tun?" Die Frau knetete nervös ihre Hände. „Ich bin eine geschiedene Frau, mein früherer Mann war nicht der Richtige. Er hat mich getäuscht." Roberto schätzte die Frau auf höchstens 30, was hieß, sie musste sehr früh geheiratet haben. Und was sie von Roberto wollte, konnte er schwer erahnen. Ihr Auftreten irritierte ihn auch. Die Frau öffnete den Mund und schloss ihn wieder, sie suchte nach Worten. Dann schüttelte sie den Kopf und sagte knapp: „Ich wollte Sie fragen, ob Sie mich noch einmal trauen würden." Roberto zog scharf die Luft ein. „Sie bringen mich in Teufels Küche, das wissen Sie?" „Ja schon, ich habe nur gedacht", sie wirkte leicht verlegen, „dass Sie etwas mehr Verständnis haben als Ihre Kollegen!" „Ich ... ich ... ich weiß ..." Roberto brachte keinen klaren Satz heraus, dann entschied er sich aber von vorne anzufangen: „Wann haben Sie sich getrennt?" „Vor fünf Jahren", antwortete die Frau. Roberto war verblüfft. Vorsichtig sagte er: Darf ich fragen, wie alt Sie sind?" „Ich bin 28 ...", kam sofort die Antwort. „Dann haben Sie aber früh..." Die Frau fiel Roberto ins Wort: „Ja, und es war mein größter Fehler, er hat mich nur benutzt." Roberto seufzte. Das, was die Frau ihm hier erzählte, war heutzutage keine Seltenheit, so schnell wie möglich zu heiraten, das war die Devise. „Sie wissen, dass ich in vielen Dingen anders denke als die anderen." Er sah die Frau mit gequältem Gesicht an. „Aber das, worüber wir hier reden, ist von größerem Kaliber." Die Frau stand auf und sagte: „Es tut mir leid, dass ich Ihre Zeit gestohlen habe, auf Wiedersehen." „Bleiben Sie sitzen, bitte! Ich brauche Zeit, über Ihren Wunsch nachzudenken, um mich zu entscheiden." Die Frau wirkte überrascht, als Roberto ergänzte: „Vielleicht könnten Sie mir Ihre Telefonnummer geben, ich melde mich dann wieder bei Ihnen. Versprochen."

Endlich war er bei der Staatsanwaltschaft gewesen und hatte den Missbrauchsbericht abgegeben. Die Mitarbeiter hatten versprochen so schnell wie nur möglich sämtliche Priester und Opfer durchzugehen. Natürlich war es für Roberto seltsam seinen eigenen Priester anzuzeigen, aber für diese Taten gab es keine Entschuldigung. Jetzt kniete Roberto in seiner Kapelle und ließ das Gespräch, das er vor zwei Tagen mit der Frau geführt hatte, noch einmal an sich vorbeiziehen. Bisher hatte er sich noch nicht entschieden. Er kämpfte, seitdem er vor zwei Tagen mit der Frau gesprochen hatte, mit sich und mit seinem Gewissen. Niemandem hatte er etwas erzählt, nicht einmal Lukas, der ihm schon des öfteren einen guten Rat gegeben hatte. Jetzt stand er auf, setzte sich an seine Hausorgel und begann zu spielen. Beim zweiten Stück lief es ihm eiskalt den Rücken herunter. Er spürte einen schwachen Lufthauch, obwohl kein Fenster offen war. Kerzengerade saß er auf der Bank, die Finger noch auf den Tasten. Wie ein Blitz durchzuckte es ihn. Er stand auf. Lief in sein Büro, wühlte in seiner Hosentasche herum und griff zum Telefon. Er hatte sich entschieden.

05.06.2017 - Passauer Bischofspalast

Roberto war müde, er hatte sich eine kleine Kanne Kaffee mit ins Büro genommen. Während er an der Tasse nippte, dachte er an das vergangene Jahr. So viel war passiert. Er hatte sämtliche Konten löschen lassen, auf denen verschwommene Geldgeschäfte stattgefunden hatten. Sämtliche Priester waren inhaftiert. Roberto hatte mehrere Gruppen eingerichtet, in denen sich Opfer treffen konnten, um bei Kaffee und Kuchen, den er selbst dafür backte, zu reden. Immer begleitet von professionellen Therapeuten. Die heimlich in seiner Privatkapelle abgehaltene Hochzeit war gut verlaufen. Er hatte sich mit der Frau auf absolutes Stillschweigen geeinigt. Wenn das jemand herausbekommen würde, wäre die Hölle los. Robertos Blick fiel auf den Kalender, heute vor einem Jahr war die Hochzeit gewesen. Auch hatte er den unteren Bereich des Bischofpalastes geöffnet, um Flüchtlingsfamilien einziehen zu lassen und dafür leider viel Kritik geerntet. Er hatte keine Lust heute etwas zu arbeiten und schenkte sich noch einmal einen

Kaffee nach. Plötzlich tat es einen Schlag und Lukas kam ohne anzuklopfen in Robertos Zimmer gestürmt. Roberto erschrak so sehr, dass er die Tasse fallen ließ und auch noch die Kanne umstieß. Lukas knallte die Tageszeitung auf Robertos Schreibtisch und sagte keuchend mit geballten Fäusten: „Wir sind erledigt, jetzt kannst du alles vergessen!" Roberto erwiderte seelenruhig: „Ganz ruhig, was ist denn los?" „Es ist rausgekommen!" „Was ist rausgekommen?" „Deine Hochzeit!" Lukas lief vor Robertos Schreibtisch auf und ab, die Hände vors Gesicht geschlagen. „Der Palast ist von den Medien umringt, mein Telefon klingelt und hört nicht mehr auf. Oh, wo haben wir uns da nur hineingeritten!" Roberto war weiß wie die Wand, als er zur Zeitung griff. Lukas hatte sich nun etwas gefangen und wartete geduldig, bis Roberto die Zeitung sinken ließ, aufstand und zum Fenster ging. „Schließe alle Fenster und Türen, leg das Telefon zur Seite und lass niemanden ein. Ich muss mir erst eine Erklärung zurechtlegen!" Lukas rannte aus dem Zimmer. Jetzt hieß es ruhig bleiben, obwohl einen dieses Ereignis schon zum Verzweifeln bringen konnte. Wenn der Vatikan davon erfuhr. In diesem Moment klingelte das Telefon, Roberto hob ab und sagte: „Hallo" „Sag mir, dass das nicht wahr ist!" Roberto hatte den Anrufer erkannt, es war Thomas Erzbischof von München-Freising. Also hatte sich die Nachricht schon so weit verbreitet. Roberto wurde nun doch nervös: „Sagen wir mal so, es war nicht geplant, es in die Öffentlichkeit zu posaunen." „Also hast du diese Frau zum zweiten Mal verheiratet?" Roberto zögerte: „... ja" Thomas zog scharf die Luft ein. „Jetzt haben wir ein Problem. Du musst dich auf eine Befragung von Seiten des Vatikans einstellen. Also bereite dich gut vor!" „Von wem?" Roberto war irritiert: „... vom Präfekten der Glaubenskongregation und dessen Begleitung." „Die moderne Inquisition ... Okay, ich muss jetzt auflegen, ich habe noch zu tun". Roberto setzte sich in seinen Schreibtischstuhl und begann zu überlegen.

Im Vatikan begann eine Stunde später das Telefonchaos und vier Kardinäle trafen sich zu einem Krisentreffen im Apartment des Zeremonienmeisters.

Es war die Nacht vor dem Pfingstfest. Es waren zwölf Tage vergangen, seit die Nachricht von Robertos „Tat" bekannt geworden war. Draußen nannte man ihn nur noch den Einfühlsamen, den Gütigen, den Guten. Doch die hohen Kirchenmänner wünschten ihm die Pest an den Hals. Er hatte eine öffentliche Erklärung abgegeben, die aber nicht allen gefallen hatte. Vielen nicht, weil sie zu oberflächlich war, aber genau das war auch Robertos Plan gewesen. Er lag im Bett und träumte. Unruhig warf er sich hin und her. Schweiß perlte über seine Stirn, er sah Mord und Totschlag, Verrat und Lüge. Von Anbeginn der Welt. Vom Morden und Töten in der Steinzeit über die Antike ins Mittelalter. Schon immer mussten die Menschen Qualen erleiden, von anderen Menschen oder durch Naturkatastrophen. Aber was er sah, war die Hölle auf Erden. Nirgends sah er etwas Gutes. Als er dann in der Realität angekommen war und sah, wie Flüchtlinge im Meer ertranken und Menschen andere Menschen auf offener Straße erschossen, begann er im Schlaf zu weinen.

Er war im Schlechten der Welt gefangen, in dem das Gute keinen Platz hatte. Mit der verzweifelten Frage „Wo ist Gott?" wurde es plötzlich dunkel. Er sah eine Person, die auf einer Bühne stand und eine Rede hielt. Das Gesicht war verschwommen, er konnte weder sagen, ob es ein Mann oder eine Frau war, geschweige denn, um wenn genau es sich handelte. Dann wurde es plötzlich hell, blendend. Roberto sah die Erscheinung der Gottesmutter Maria mit dem Jesuskind. Das Licht, das von ihnen ausging, tat ihm in den Augen weh. Obwohl er sie geschlossen hatte. Doch er fühlte sich, als ob er schweben würde, getragen von der Liebe Gottes. Das Jesuskind hatte die Hand zum Segen erhoben und Maria hatte die Hand nach im ausgestreckt. „Hab keine Angst! Gott ist immer da, auch wenn es nicht danach aussieht, hab Vertrauen!" Das Bild verblasste wieder und Roberto sah wieder die Gestalt am Rednerpult. Plötzlich fielen Schüsse, die Person in seinem Traum sackte zusammen. Roberto fuhr aus dem Schlaf. Schweißnass klebte sein Schalfanzug an ihm, keuchend saß er in seinem Bett. Doch so sehr er auch darüber grübelte, er wurde nicht schlau aus seinem Traum.

Die Stimmung war getrübt, obwohl Pfingsten war. Der Dom war gefüllt, doch das freudige Feiern war an diesem Morgen nicht zu spüren, da Roberto immer noch mit den Medien und mehreren Personen zu „kämpfen" hatte. Deshalb war auch seine Stimmung etwas getrübt, obwohl er sich hätte freuen müssen. Er hatte es geschafft, den Umgang in den Passauer Dom einzuführen. Der Umgang! Da kamen Kindheitserinnerungen hoch. Bei jedem Hochfest gab es diese Prozession in seinem Heimatdorf in Reinstetten. Nach so vielen Jahren hatte er es wieder, nach so vielen Jahren, seit er aus Reinstetten gegangen war. Es hatte fast ein Jahr gedauert, bis alles organisiert war. Der Umgang ist eine Prozession, bei der das Allerheiligste in der Monstranz durch die Kirche getragen wird, begleitet von Männern und Frauen. Jeder dieser Männer und Frauen bettet ein Gesetz des Rosenkranzes so, dass es zusammen dann drei Rosenkränze ergibt, den schmerzensvollen, den glorreichen und den freudenreichen. Roberto ging das Herz auf, wenn er an früher dachte, der Kirchenchor sang das große Halleluja, Weihrauchschwaden verbreiteten sich durch die Kirche und er selbst schritt als kleiner Ministrant vor dem Pfarrer her. Lächelnd trat er zum Ambo. In der heutigen Predigt hatte er vor, die Heirat in zweiter Ehe in Bezug auf den Heiligen Geist zu rechtfertigen:

„‚Komm, Heiliger Geist mit deiner Kraft, die uns verbindet und Leben schafft. Wie das Feuer sich verbreitet und die Dunkelheit erhellt, so soll uns dein Geist ergreifen, umgestalten unsere Welt. Wie der Sturm unaufhaltsam dringt er in unser Leben ein. Nur wenn wir uns nicht verschließen, können wir deine Kirche sein. Schenke uns von deiner Liebe, die vertraut und die vergibt. Alle sprechen eine Sprache, wenn ein Mensch den andern liebt.‘ So haben wir vorhin gesungen. Nur wenn wir uns nicht verschließen, können wir deine Kirche sein. Heute feiern wir Pfingsten. Die Jünger Jesu haben sich eingeschlossen aus Angst vor den Römern. Ihnen hat die Kraft, das Vertrauen Gottes gefehlt. Durch den Heiligen Geist sind sie nach draußen gegangen und haben sich getraut, Gottes Wort in die Welt zu tragen. Immer gestützt durch Gottes Zusage: Ich bin immer da. Wenn wir uns aus den Häusern trauen, könne auch wir Gottes Wort verbreiten. Alle sprechen eine Sprache, wenn ein Mensch den anderen liebt, zusammen in der Liebe vereint. Jesus hat uns ein neues Gebot gegeben: Liebt einander so wie ich euch geliebt habe. Wenn wir nicht in Liebe miteinander und mit Gott verbunden sind, stehen wir alleine da. Der Heilige Geist gibt uns die Kraft, Entscheidungen richtig zu fällen, er hilft uns besser leben zu können. Mit offenen Armen aus der Kirche, hinein ins Getümmel, mit Liebe den Menschen helfen, ihnen zuhören. So soll uns dein Geist ergreifen und unsere Welt verändern. Vom Heiligen Geist ergriffen die Welt verändern, miteinander nicht gegen einander! Schenke uns von deiner Liebe, die vertraut und die vergibt. Vergeben wir den anderen, auch wenn sie einen Fehler gemacht haben! Liebe vergibt. Gott vergibt. Der Heilige Geist stärkt uns in unserem Tun …"

Plötzlich vielen Schüsse, Roberto spürte einen stechenden Schmerz im Bauchbereich. Er sackte zusammen. Sein Messgewand blieb am Ambo hängen und riss entzwei. Dann geschahen mehrere Dinge gleichzeitig. Nach einer kurzen Schockstarre sah Lukas, wie ein vermummter Mann, der bis dahin stetig den Kopf gesenkt hatte, aus der ersten Reihe der linken Seite aufsprang und zum Ausgang rannte. Lukas schnappte sich eine goldene, mit Edelsteinen besetzte Hostienschale und rannte dem Mann hinterher. Im Dom war währenddessen ein Tumult ausgebrochen, die einen rannten zum Ausgang, die anderen waren auf die Knie gesunken und hatten zu beten begonnen. Durch die Menschenmassen, die zum Ausgang strömten, war dem Mann der Weg abgeschnitten. Lukas warf ihm die Schale, als er noch circa fünf Meter von dem Mann entfernt war, mit solcher Wucht in den Rücken, dass er zu Boden ging. Eine Pistole schlitterte über den Steinboden. „Haltet ihn", schrie Lukas, während er schon wieder in Richtung Altarraum unterwegs war. Mehrere Männer warfen sich auf den Mann, der, so wie es aussah, das Bewusstsein verloren hatte, als er zu Boden gestürzt war. In der Sakristei hatte der Messner bereits den Krankenwagen gerufen, während sich die Ministranten um Roberto gekümmert hatten. Lukas trat nun zu ihm und fragte: „Roberto, wie geht es dir?" Roberto lag in seinem mit Blut verschmierten Messgewand und sagte leise: „Hab keine Angst! Gott ist immer da, auch wenn es nicht danach aussieht, hab Vertrauen", dann verlor er das Bewusstsein. Lukas gab einen Schrei von sich, teils aus Wut, teils aus Verzweiflung, teils aus Angst. Dann war es still im Dom, alle Augen hatten sich auf den weinenden Lukas und den bewusstlosen Roberto gerichtet.

Der Krankenwagen nahm Roberto mit ins Krankenhaus, während die Polizei den Täter mit auf die Wache nahm. Der Gottesdienst war abgebrochen worden. Lukas fuhr mit seinem Auto zum Krankenhaus.

Drei Kugeln steckten in Robertos Bauchgegend. Seit drei Stunden lag er im Operationsaal. Lukas saß in einem Nebenzimmer des Krankenhauses, als das Telefon klingelte. „Hallo", meldete sich eine Frauenstimme, „ich hab' jemanden für Sie in der Leitung ... soll ich durchstellen?" „Ja bitte", entgegnete Lukas. Er hoffte, dass die Polizei etwas aus dem Täter herausbekommen hatte. Es knackte in der Leitung, dann sagte eine Männerstimme: „Hallo, hier spricht Peter Müller, Mitarbeiter der Glaubenskongregation, Vatikan." Lukas rutschte das Herz in die Hose, was kam den jetzt? „Ja!"

Ich rufe an wegen Herrn Hoffer, wir erwarten ihn in zwei Tagen im Vatikan. Er muss sich einer Befragung unterziehen. Damit wir überprüfen können, ob er noch mit der katholischen Lehre in Einklang steht." Lukas seufzte: „Das wir leider nicht möglich sein. Herr Hoffer wurde vor …" Er sah auf seine Uhr „… genau drei Stunden angeschossen und liegt momentan noch im Operationsaal." Am anderen Ende herrschte Stille: „Dann rufen Sie an, wenn es ihm bessergeht. Und wünschen Sie ihm eine gute Besserung. Auf Wiedersehen." Noch bevor sich Lukas verabschieden konnte, hatte Peter Müller bereits aufgelegt. Lukas wusste nicht, ob Peter Müller schockiert war oder ob er seine Freude zu verbergen versuchte. Lukas sorgte sich um Roberto, auch interessierte ihn das Tatmotiv des Täters.

Zur selben Zeit klingelte im Büro des Papstes das Telefon. „Ja!" „Eure Heiligkeit, verzeiht, dass ich störe, hier ist Peter Müller. Ich habe gerade mit Roberto Hoffer telefoniert, besser gesagt mit seinem Sekretär." „Ja, und?" „Auf ihn wurde geschossen. Er schwebt in Lebensgefahr!" Paul X. begann unsicher zu lachen: „Das ist ein Witz?" „Nein, eure Heiligkeit, das ist leider kein Witz!" „Danke, dass Sie angerufen haben!" Paul X. hängte den Hörer ein und eilte in seine Kapelle.

Weitere zwei Stunden später wurde Lukas zum Operationsaal gerufen. Die Krankenschwester wies auf einen Stuhl vor der Tür des Saales. „Bitte warten sie hier, bis der Arzt kommt." Lukas begann zu warten. Dann kam der Arzt heraus. Er sah sehr besorgt aus und sagte: „Es steht schlecht um ihn, bitte geben Sie ihm die letzte Ölung." Lukas war sprachlos, folgte dem Arzt aber in den Operationsaal. Als er mit seiner Segnung fertig war, wollte er den Saal fluchtartig verlassen, wurde aber von einer Krankenschwester aufgehalten. Sie überreicht ihm Robertos Messgewand. Das weiße Gewand war vollständig mit Blut getränkt, nur um das gestickte Kreuz auf Brusthöhe war das Gewand noch strahlend weiß. Lukas drückte es an sich und begann in es hinein zu weinen.

22.07.2017 - Krankenhaus

Es war ein Wunder. Roberto hatte überlebt. Er war aus der
Bewusstlosigkeit aufgewacht, war aber durch den hohen
Blutverlust ans Bett gefesselt. Der Täter hatte gestanden,
dass er aus der rechtsextremen Szene kam und aus Hass
gehandelt hatte, weil Roberto sich für Flüchtlinge und
Ausländer eingesetzt hatte. In Robertos Zimmer war es
angenehm kühl, auf seinem Nachtischkästchen stand ein
frischer Strauß Blumen. Roberto war in ein Buch vertieft,
als Lukas und er Hauptkommissar, der den Fall leitetet, in
den Raum traten. Der Polizeikommissar zog ein paar
Bilder aus seiner Jackentasche, während Lukas aufgeregt
sagte: „Wir müssen dir etwas zeigen!" Er reichte Roberto
die Fotos. Sie zeigten einen Rücken, der viele kleine
Narben aufwies. Einige waren schon älter, andere eher
frisch. „Das ist der Rücken des Täters. Als er einen
Fluchtversuch unternahm, blieb er mit seinem T-shirt
hängen. Als wir ihn auf die Narben ansprachen, sagte er
uns, er sei vom Fahrrad gefallen." Roberto sah sich die
Fotos genauer an. „Der Mann gibt an aus der

rechtsextremen Szene zu kommen?" Der Kommissar bejahte dies. Lukas sagte „Wir wollten es dir zeigen, weil ich denke, dass das nicht stimmt, meine Gedanken gehen in eine andere Richtung … wegen der unterschiedlichen Narben. Die einen älter, die anderen ganz frisch …" „Du hast recht, dieser Mann kommt aus der Kirche und sein Auftraggeber auch!" Dem Kommissar klappte die Kinnlade herunter und Lukas lächelte siegessicher. Roberto fuhr fort: „Dieser Mann ist sehr wahrscheinlich Mitglied bei Res Christi." Lukas' Gedanken wurden bestätigt und er wandte sich an den Kommissar: „Res Christi ist eine Sekte innerhalb der katholischen Kirche, die die Selbstgeißelung als Mittel zur Reinigung von Sünden ansieht. Sie blockieren Reformen und sie wollen der Kirche wieder zu mittelalterlicher Größe verhelfen." Der Kommissar nickte. „Dann gefällt es denen natürlich überhaupt nicht, was Ihr hier tut." Er sah Roberto an. „Und jetzt?" Roberto überlegte. „Wir lassen es so wie es ist. Res Christi soll sich sicher fühlen, wir bleiben bei dem rechtsextremen Tatmotiv. Außerdem haben wir keine Beweise, sondern nur Vermutungen. Es ist auch besser, das hier bleibt unter uns." Lukas stimmte zu und der

Kommissar verlies das Zimmer. „Was sagt man dazu?"
Lukas sah Roberto an: „Ich weiß, dass Res Christi seine
Finger viel tiefer im Spiel hat. Das Auffliegen der
Hochzeitsgeschichte." Er sah zum Fenster: „Das war eine
gelungene Aktion von ihnen. Jetzt warten wir mal ab, wie
es sich entwickelt. Ruf den Vatikan an und sag ihnen, dass
ich in zwei Wochen zur Befragung bereit bin. Auch wenn
ich keine Lust dazu habe und auch den Grund nicht
verstehe." Lukas nickte und verließ das Zimmer.

Auf Krücken gestützt liefen Roberto und Lukas den Gang entlang. Sie waren in einem Seitenflügel des Apostolischen Palastes. Es war fünf vor Elf und sie waren etwas spät dran, doch Roberto war nicht in der Lage schneller zu gehen, denn der Blutverlust hatte ihn geschwächt. Im Raum, in dem sie erwartet wurden, warteten bereits mehrere Personen. Schon beim Eintreten hatte Roberto keine Lust mehr, alles Männer die, so schien es, noch nie gelacht hatten. Den Einzigen, den Roberto kannte, war der Zeremonienmeister. Der andere Kardinal stellte sich als Pietro vor, der Kardinalstaatsekretär des Vatikans, also die „Nummer 2" im Vatikan. Dann waren da noch zwei Mönche, ein Priester und ein junger Mann im Anzug, der sich als Sekretär des Papstes vorstellte. Roberto musste sich auf einen Stuhl setzen, um den die anderen im Halbkreis saßen. Lukas musste im hinteren Bereich an der Wand Platz nehmen.

„So, dann fangen wir mal an." Staatssekretär Pietro sah einen der Mönche an, der daraufhin ein Blatt aus einer Mappe zog und seine Brille aufsetzte. „Wir werden ihnen nun ein paar Fragen stellen." Der andere Mönch begann mit einer kratzigen Stimme zu sprechen: „Was sagen Sie zur Unauflöslichkeit der Ehe?" Roberto überlegte kurz und sagte dann: „In erster Linie glaube ich, dass jeder Mensch eine zweite Chance verdient hat. Auch Gott hat uns eine zweite Chance gegeben. Adam und Eva haben Unheil über die Menschheit gebracht, doch Gott hat den Menschen eine zweite Chance gegeben und seinen Sohn geschickt, um die Menschen zu retten. Folglich müssen wir wie Gott ein geduldiger Vater sein. Menschen machen Fehler, deshalb sind wir Menschen. Wenn wir keine Fehler machen würden, wären wir nicht Mensch, sondern Gott. Gottes Liebe ist groß, unsere muss gleich groß sein. Außerdem finde ich es schwer zu sagen, dass wir entscheiden, was in der Ehe richtig ist und was nicht, da wir nicht verheiratet sind und wenn wir ehrlich sind, auch keine große Ahnung in diesem Thema haben." Der Sekretär des Papstes lächelte, als er über den Laptop gebeugt den Anschein erweckte mitzuschreiben. Der

Kardinalstaatssekretär sagte mit eingefrorener Miene: „Der Herr hatte 12 Apostel, seine engsten Freunde. Männer. Das sehen sie anders?" „Sehr richtig!" „Ihrer Meinung nach sollte man die Kirche für die Frauen öffnen?" „Ja, und das ist schon seit langem nötig. Die Frau hat genauso das Recht Gottes Wort zu verbreiten. Trotzdem möchte ich hinzufügen, dass ich nicht bestreite, dass die 12 Apostel Männer waren. Doch, dass bei Jesu' Jüngern auch Frauen dabei waren, ist bewiesen und das müssen sie akzeptieren. Außerdem", er lächelte, „würde es dieser Kirche ganz gut tun etwas von der weiblichen Kraft und Energie zu haben." „Also sind Sie für das Frauen-Priestertum?" „Ich habe auf jeden Fall nichts dagegen. Wie schon gesagt, der Kirche würde es guttun, man könnte ja wenigstes mit dem Frauendiakonat anfangen." Der Mönch mit der Brille zog scharf die Luft ein. Der Zeremonienmeister fuhr fort: „Sie haben in einem Zeitungsartikel bekanntgegeben, dass alle Menschen geliebte Kinder Gottes sind und in diesem Fall", er sah Roberto an, „auch die anders geschlechtlich orientierten ... also Homosexuellen?" „Ja, ich habe nichts gegen diese Menschen und wenn Sie schon, dann tut mir das leid.

Diese Menschen sind auch nicht krank, wie sie gerne behaupten. Die einzigen, die krank sind, sind die, die diese Menschen zu Kranken machen. Denn sie versteinern, weil sie sich an Kleinigkeiten aufhängen." „Kleinigkeiten?" Der Zeremonienmeister war außer sich. „Ja, Kleinigkeiten, wenn eine andere sexuelle Orientierung von Menschen eine Kleinigkeit ist, dann wüsste ich gerne, wie Sie das Welthungern oder die Zerstörung der Natur einschätzen, oder auch …" Es folgte eine kleine Pause: „… den Zerfall der Kirche, gegen den Sie nichts und wieder nichts unternehmen", kam als spitze Antwort. „Wenn der Grund, diese Menschen zu verurteilen, ihre sexuelle Orientierung ist, dann sollten wir uns schämen. Wer ohne Sünde ist, der werfe den ersten Stein, und Sie gingen beschämt weg! Ich schlage vor, dass wir erst vor unserer eigenen Haustür kehren." Der Priester fuhr fort: „Anstatt den Missbrauchsskandal als Medienklatschsucht abzutun wie wir", er zeigte in die Runde, „haben Sie Priester angezeigt und Opfer entschädigt. Das Gleiche mit den Finanzen." „Ich sage dazu nur einen Satz: Gottes Bodenpersonal hat versagt." Roberto sah in die Gesichter. Die beiden Mönche saßen mit offenen Mündern da. Staatssekretär Pietro lief langsam rot an, während dem Zeremonienmeister das Wasserglas aus den Fingern gefallen war. „Das Schlimmste daran ist ja nicht einmal, dass es passiert ist. Menschen sind eben Menschen. Aber diese Menschen haben die Kirche und den Herrn beleidigt. Sie gehören bestraft wie jeder andere auch, der dieses Verbrechen begeht, am besten eingesperrt. Und wir sind auch nicht besser. Wir stellen uns hin und sagen: Da war nichts! Und wir blasen uns weiter als Moralapostel auf, anstatt diese Fälle aufzuklären. Sie haben keine Ahnung, wie es den Opfern geht, und manchmal habe ich das Gefühl, als sei es Ihnen auch komplett egal. Das gleiche bei den Finanzen. Ihnen ist Geld und Macht wichtiger als auf Ihr Herz zu hören." Der Privatsekretär des Papstes setzte vorsichtig an: „Aber hat er nicht recht?" „Was!!!!!" Der Zeremonienmeister fuhr aus seinem Sessel hoch: „Das ist jetzt nicht Ihr Ernst!" Und seine Stimme hatte einen scharfen Klang. Erschrocken versteckte sich der Sekretär hinter seinem Laptop. Die anderen begannen untereinander zu tuscheln. „Nächste Frage!" Staatssekretär Pietro versuchte, die Befragung wieder in seine Hand zu bekommen. Er sah Roberto scharf an: „Welcher Glaube, welche Religion ist die richtige?" Roberto erkannte, dass es eine Falle werden sollte und setzte deshalb zu einer Geschichte an. „Es war einmal ein Mann, der lebte im Osten und besaß einen wertvollen Ring. Der sollte dem Sohn gehören, der ihm der Liebste war. Da er aber drei Söhne hatte und einmal diesen, dann aber wieder den anderen und schließlich den Dritten für geeignet hielt, um Träger des Rings zu werden (da er alle drei gleich liebte). Als der Vater aber alt und krank wurde und spürte, dass er nicht mehr lange zu leben hatte, sich aber nicht entscheiden konnte, wer den Ring bekommen sollte, schickte er den Ring zu einem Goldschmied, der zwei identische Ringe anfertigen sollte. So hatte er nun drei gleiche Ringe. Überglücklich rief er seine drei Söhne nacheinander zu sich, gab jedem einen Ring und seinen Segen. Nach dem Tod des Vaters kamen die Söhne zusammen und jeder beanspruchte den Platz als Mann des Hauses und jeder zeigte zum Beweis seinen Ring. So stritten und zankten sie sich, bis es vor Gericht kam, weil keiner nachgeben wollte. Jeder der drei Söhne legte den Schwur ab, den Ring aus den Händen des Vaters erhalten zu haben. Und sie begannen wieder zu streiten. Der

Richter sprach: ‚Es sieht so aus, als ob euer Vater nochmals zwei Ringe hat anfertigen lassen. Keiner von euch kann beweisen, dass er den echten Ring besitzt. Der Vater hat euch alle gleich geliebt, er konnte sich für niemanden entscheiden. Ihr habt den Ring bekommen als Zeichen seiner Liebe. Hört auf euch zu zanken, vertragt euch, seht was euch verbindet, die Liebe eures Vaters zu euch, seinen Kindern. Geht und seht den Ring als Verbindung, als Band, das euch miteinander und mit eurem Vater in Liebe verbindet.‘“ Nach einer kurzen Stille fragte Roberto: „So jetzt darf ich aber bitte auch mal eine Frage stellen. Warum ist es in dieser Kirche so schwer Reformen durchzuführen?“ Nach einer langen Pause entgegnete der Kardinalstaatssekretär hastig: „Das ist eben nicht so einfach, wir sind hier ja nicht im Kindergarten.“ „Aber warum nicht? Wir Erwachsenen machen alles so kompliziert, Kinder würden einfach loslegen mit dem, was sie für richtig halten. Mir ist erst in diesem Zusammenhang klargeworden, warum Jesus ein Kind in die Mitte seiner Jünger gestellt hat. Ein Kind macht, was das Beste ist, ein Erwachsener denkt erst ewig darüber nach und trotzdem kommt nichts dabei heraus.

Aber Sie haben mir noch keine Antwort auf meine Frage gegeben!" Roberto sah den Kardinalstattsekretär an. Der Zeremonienmeister hatte es plötzlich sehr eilig. „Gut, beenden wir das für heute wir machen morgen weiter." Auch der Staatssekretär stand auf, raffte seine Sachen zusammen und verließ eilig, zusammen mit allen weiteren Personen bis auf den Privatsekretär des Papstes, den Raum.

Als alle gegangen waren, klingelte das Telefon des Privatsekretärs. „Ja..., ja wir sind fertig... ich bringe sie hoch... ja, wir achten darauf, in Ordnung, bis gleich." Er steckte das Telefon ein, klappte den Laptop zusammen und sagte: „Ich bitte Sie mir zu folgen." Roberto war überrascht, sagte aber: „Ja, wohin geht es denn, wenn ich fragen darf?" „Sie dürfen nicht fragen, ich bitte Sie aber trotzdem mitzukommen." Roberto gab Lukas einen Wink. Der ihm daraufhin die Krücken reichte. „So, dann folgen wir mal dem Herrn...?" Roberto überlegte: „Sie haben sich noch nicht vorgestellt, richtig?" „Richtig, aber das können wir auch noch später nachholen." Er hielt die Tür auf und zeigte ungeduldig hinaus. So schnell es ging eilten sie durch die Gänge des Palastes. Als sie vor einer Tür standen und der Sekretär aufschloss, wusste Roberto, wo sie sich befanden. Nach dem Eintreten verschloss der Sekretär die Tür wieder von innen. „Ich heiße Simon, es tut mir Leid, wenn es ihnen seltsam vorkam, aber es musste so sein. Er wollte es so." Lukas verstand nicht: „Wer wollte was?" Lukas war noch nie hier gewesen und wusste deshalb auch nicht, dass sie sich im Apartment von Papst Paul X. befanden. Simon überhörte Lukas' Frage und klopfte an eine Tür. Nachdem jemand „Herein!" gerufen hatte, öffnete Simon die Tür, sagte etwas auf Italienisch in das Zimmer und gab Roberto und Lukas ein Zeichen einzutreten. Papst Paul sah zum Fenster hinaus und sagte ohne sich umzudrehen, kurz nachdem sie eingetreten waren:

„Was für eine Kirche soll es sein, die sie sich wünschen. Er drehte sich um und ging ein paar Schritte auf Roberto zu, die Arme vor der Brust verschränkt. Roberto war verblüfft, antwortete aber: „Ich will eine Kirche der Menschen. Ich will, dass der Priester ein Mensch ist, der zuhört, der aufpasst, bei dem man sich geborgen fühlt. Einen Oberlehrer braucht niemand, besonders heute, wenn Beruf und Familie, Stress und Hektik Überhand nehmen und man Ruhe und Stille braucht, muss da jemand sein, zu dem man gehen kann. Eine Kirche, die liebt, die den Menschen hilft, die Probleme haben, die ausgestoßen worden sind, die nicht krampfhaft an geschriebenem Text festhält, sondern nach dem Herzen geht." Er hielt inne. „Eine Kirche, die lebt wie Jesus Christus. Amen." Papst Paul gab Simon ein Zeichen, worauf dieser in einem Nebenzimmer verschwand und mit einem Kleiderhaken wiederkam, an dem eine Soutane hing, dieselbe, die Roberto als Bischof trug. Der einzige Unterschied waren die roten Knöpfe. Roberto sah das Kleidungstück ungläubig an, verschränkte die Arme vor der Brust, sagte: „Nein, Nein", und schüttelte den Kopf. „Nein, das können Sie vergessen, wenn es das ist was ich denke." Paul trat zu Roberto und nahm seine Hände: „Ich weiß nicht, was Sie denken, aber ich würde Sie gern bitten, mich in einer höheren Position weiter zu unterstützen." „Nein! Darf ich ehrlich sprechen?" Papst Paul nickte. „Ich habe keine Lust, alle drei Wochen nach Rom gerufen zu werden, weil die Mitarbeiter in diesem, entschuldigen sie das Wort, Saftladen irgendeinen Unfug angestellt haben." Paul lies Roberto los. „Ich weiß, aber bitte denken sie auch an das Wohl dieses ‚Saftladens'. Ich brauche, so traurig es sich anhört, Verbündete." Papst Paul sah Roberto leicht verzweifelt an. ‚Die Kirche ist ein Monster von Verwaltungsapparat. Man kann sie mit einer Dartscheibe vergleichen, in dessen Mitte der Papst und wenige Kardinäle stehen, dann kommen die Kardinäle, die Bischöfe und die Priester. Von innen nach außen weniger Personen und weniger Macht. Obwohl Roberto als Bischof der Mitte näher war als die meisten Priester. So viel mitzureden hatte er nicht. Er dachte nach: Wenn ich hier etwas verändern möchte, muss ich näher in die Mitte kommen. Kardinal? Der Weg wird steiler, aber auch schwerer. Nicht allen wird das gefallen. Mir werden sicher viele Steine in den Weg gelegt. Aber ich muss es riskieren, um diese Kirche verändern zu können. „Kann ich nochmals darüber beten und schlafen? Sie wissen das ist eine große Entscheidung" Er sah Paul fragend an. „Nein, Sie wissen, dass es viele gibt, die Sie am liebsten in die Wüste verbannen würden. Diese Menschen könnten verhindern, was ich hier vorhabe. Entweder jetzt oder vermutlich nie wieder." Roberto drehte sich zu Lukas um. Dieser nickte und Roberto sagte: „Ja dann, mit Gottes

Hilfe will ich dieses Amt annehmen und ausführen." Paul strahlte und sagte: „Dann ziehen Sie mal Ihr neues Gewand an." Roberto verschwand mit dem Kleiderbügel im Nebenzimmer um sich seine neue Soutane mit den roten Knöpfen anzuziehen. Die farbig passende Schärpe lag ebenfalls zur Anprobe bereit. Als er wieder herauskam, klatschte Lukas Beifall. Paul sah Roberto mit einem Lächeln auf den Lippen an: „Gehen wir in die Kapelle. Die Weihe wird etwas kürzer ausfallen, aber umso kraftvoller."

Alle verließen den Raum und folgten Paul in die Kapelle. Simon hatte ein Kissen dabei, auf dem das rote Scheitelkäppchen und das rote Kardinalsbirett lagen. Roberto kniete sich vor den Altar, Lukas setzte sich in die erste Bank, Paul stelle sich vor den Altar und Simon sich zu ihm. Paul nahm das rote Birett in beide Hände, hielt es über Robertos Kopf und sprach in feierlichem Ton: „Hier und heute erhältst du die Kopftracht eines Kardinals. Ein Zeichen für eine Aufgabe, die nicht alle erfüllen können. Nimm die Menschen, die zu dir kommen unter deinem Käppchen auf, so wie Gott sie unter diesem Käppchen aufnimmt, um dich zu beschützen. Denke daran, dass so ein hohes Amt und die viele Verantwortung das Gegenteil von dir verlangt: Bescheidenheit, Demut und die Liebe zu Gott und den Menschen. Sei ein Diener und Freund der Menschen." Paul hielt das Birett nur symbolisch über Robertos Kopf. Stattdessen nahm er das kleine rote Scheitelkäppchen und legte es ihm aufs Haupt. „Wie ich dich einschätze, mein Sohn, wirst du lieber dieses leichte Käppchen tragen. Denn es ist leicht, wie dein Glaube von Leichtigkeit geprägt ist. Trage dieses Käppchen als Zeichen deines Amtes und deiner Verantwortung." Er machte über Robertos Kopf das Kreuzzeichen: „Du Käppchen, sei ihm Schutz und Schirm. Schenke ihm Kraft und die Gewissheit, dass du, Gott, immer bei ihm bist. Im Namen des Vaters des Sohnes und des Heiligen Geistes. Amen." Als nächstes nahm er Robertos Brustkreuz und hielt es über Roberto. „Du trägst dieses Kreuz seit du Bischof bist. Lass es dir Zeichen sein zur Nächstenliebe, Geduld und Verständnis. Trage es als Stütze und als Hilfe in schweren Zeiten." Er hängte es Roberto um: „Jesus ist am Kreuz gestorben aus Liebe zu uns, gib diese Liebe auch als Kardinal weiter. Trage sie in die Welt hinaus." Er macht erneut über Roberto das Kreuzzeichen: „Im Namen des Vaters, des

Sohnes und des Heiligen Geistes. Amen." Paul X. hob die Hände über Robertos Kopf: „Der Herr segne dich, er halte seine schützende Hand über dir und leite dich auf deinem Weg." Er machte zum dritten Mal über Roberto das Kreuzzeichen: „Im Namen des Vaters, des Sohnes und des Heiligen Geistes. Amen." Paul X. half Roberto beim Aufstehen. „Herzlichen Glückwunsch!" Er gab Roberto die Hand. Lukas trat auf ihn zu, umarmte ihn und wünschte ihm alles Gute.

Paul X. sah auf seine Uhr. „So, dann gehen wir jetzt zum Mittagessen, ich hoffe Sie begleiten uns." „Sehr gerne!" Roberto verließ mit Paul X. die Kapelle. Lukas und Simon folgten. Nach Beginn des Mittagessens klopfte es an der Apartmenttür und Simon öffnete. „Pietro, Staatsekretär des Vatikans!" wurde der Besucher von Simon angekündigt. Papst Paul X. stand auf, als Pietro den Speiseraum betrat. Roberto und Lukas folgten. Pietro stand vor dem Esstisch: „Heiligkeit, Exzellenz!" Lukas nickte er zu, dann wanderte er seinen Blick wieder Roberto zu. „Ich meine: Eminenz", entfuhr es ihm. Er musste sich an der Stuhllehne festhalten um nicht umzufallen. Simon hielt ihn an den Schultern fest, doch

Pietro schüttelte seine Hände ab. „Verzeihen Sie, ich habe nicht damit gerechnet Sie hier anzutreffen." Er sah Roberto mit versteinerter Miene an, „und schon gar nicht in der Soutane eines Kardinals." „Ja, so schnell kann es gehen", murmelte Roberto vor sich hin, allerdings so leise, dass es keiner mitbekam. „Was kann ich für Sie tun?" Paul X. wandte sich an Pietro. Pietro hatte sich wieder gefangen: „Ich wollte Ihnen eigentlich davon erzählen, wie die Befragung mit …", er zeigte auf Roberto, „ihm abgelaufen ist. Gehen wir ins Nebenzimmer." Paul X. öffnete eine der beiden Türen und verschwand mit Pietro dahinter. Simon trat zur Tür und gab Roberto und Lukas einen Wink ebenfalls herzukommen, gemeinsam lauschten sie an der Tür, was im Zimmer gesprochen wurde. „Helligkeit, die Befragung ist noch nicht zu Ende, aber ich wollte Ihnen jetzt schon davon abraten, Roberto Hoffer in irgendeiner Weise weiter zu fördern, uns wäre es am liebsten, wenn Sie ihn aus seinem Bischofsamt entfernen würden." „So! Deshalb sind Sie vorhin so erschrocken, als sie ihn im Rock des Kardinals gesehen haben? Aber wenn man mir die falschen Informationen übermittelt!"

Paul X. zeigte auf seinen aufgeschlagenen Laptop: „Das ist ein Schreiben des Zeremonienmeisters, mit Unterschrift von Ihnen, dass alles gut und in bester Ordnung ist. Lesen Sie es sich ruhig durch." Roberto war verwirrt, da stimmte doch etwas nicht, der Zeremonienmeister dachte wie der Kardinalstaatssekretär, es konnte nicht sein, dass er so etwas unterschrieben hatte. „Ich habe so etwas nie und nimmer unterschrieben!" Roberto fühlte sich bestätigt und war leicht verwirrt. „Das ist wohl wahr", sagte Paul X. und klappte den Rechner zu. „Das tut mir leid! Wenn ich das hier lese und meinen eigenen Überzeugungen folge, sage ich mir, wäre es ein Segen, wenn Bischof Hoffer als Kardinal die Kirche ergänzen würde." Nach einer kurzen Pause sagt Pietro verärgert: „Ändern können wir daran jetzt nichts mehr, aber im Schach halten können wir ihn." Simon, Roberto und Lukas eilten zum Esstisch zurück. Über die Suppenteller gebeugt sahen sie, wie Paul X. und Pietro aus dem Nebenzimmer kamen, Pietro verabschiedete sich bei Paul X. und rauschte aus dem Zimmer. Simon stand auf und begleitet Pietro aus der Wohnung. Als Pietro aus dem Raum war, griff Paul X. zu seinem Wasserglas und sagte nach einem kräftigen

Schluck: „Das wäre jetzt auch erledigt." Robert verkniff sich die Frage, bis Simon wieder hereinkam. „Er ist weg!" Paul X. hob die Hand, Simon kam auf ihn zu und schlug ein. Lächelnd sagte er: „Wenn es mit dem Papstamt nichts geworden wäre, hätten Sie auch Schauspieler werden können!" Roberto stand ruckartig vom Tisch auf: „Kann mir jetzt bitte jemand erklären, was hier los ist?" „Sicher doch." Roberto setzte sich, während Paul X. zum Löffel griff und Simon ihm etwas Suppe in seinen Teller füllte. „Wo soll ich anfangen?" Paul X. überlegte: „Ich fange mit der Befragung an. Ich habe nicht viel mitbekommen, da ja nur weniges besprochen wurde, aber es hat gereicht." Er schob sich einen Löffel Suppe in den Mund. „Woher...?" Paul unterbrach Roberto: „Bestimmt ist Ihnen der Laptop aufgefallen, den Simon während der Befreiung bedient hat." Roberto nickte. „Ich habe alles beobachtet, durch die Kamera dieses Laptops, in meinem Büro. Es hat mich überzeugt."   „Aber   das   Schreiben   des Zeremonienmeisters?" „Nun, man darf eigentlich nicht lügen. In diesem Fall war das ein kleiner Schwindel, um mir mehr Zeit zu verschaffen." „Das heißt, Sie haben mich beobachtet, zum Kardinal gemacht und die mächtigsten

Personen dieses Hauses, auf Deutsch gesagt, veräppelt. Um es als Versehen zu kennzeichnen, und Ihren Willen durchzusetzen, ohne Ärger zu bekommen?" Roberto war beeindruckt, wie der Papst seine Widersacher mit ihren eigenen Waffen schlug. „Möchte noch jemand etwas Suppe haben?", meldete sich Simon zu Wort. „Natürlich, gern!" „Lecker, nicht wahr, ich sage immer, ich habe die beste Köchin Roms", sagte Paul X. und lächelte, während Simon noch etwas Suppe in Lukas' Teller füllte. Paul sah Roberto wieder an: „Bitte verstehen Sie mich jetzt nicht falsch, ich stehe zu Ihnen. Aber ich hatte schon mehr als genug Probleme und Streit und wollte es mir dieses Mal ersparen." „Alles gut, ich weiß, wie anstrengend das alles sein kann." Nach einer kurzen Pause fragte Paul X. sehr direkt: „Wie geht es eigentlich Ihrer Gesundheit?" „Ja es geht schon, ich hatte einen guten und fleißigen Schutzengel", meinte Roboter schmunzelnd. „Weiß man denn schon Näheres vom Motiv des Täters?" „Ja, er gibt zu, aus der rechtsextremen Szene zu kommen. Er hat aus Hass gehandelt, weil ich mich für Flüchtlinge eingesetzt habe." Paul X. sah skeptisch aus: „Und was sagt die Polizei zu dem Geständnis?" Roberto sah zu Lukas. Dieser zögerte, dann nickte er. „Können Sie ein Geheimnis für sich behalten?" Er sah Paul X. an. Dieser nickte: „Unser Verdacht ist, dass er ein Mitglied von..." „Res Christi ist", beendete Simon den Satz. Roberto sah verblüfft zu Simon hinüber: „Woher wissen Sie das?" Das ist ein offenes Geheimnis. Außerdem sind die Aktionen von Ihnen, Herr Hoffer, den Mitgliedern von Res Christi schon lange ein Dorn im Auge, das ist wie schon gesagt kein Geheimnis. „Simon, woher wissen Sie das alles?" „Ja das würde mich auch interessieren" Paul X. und Robert sahen Simon an. „In diesem Haus haben die Wände Ohren, jeder redet gern und viel, da ist es kein Geheimnis, dass das Missfallen groß ist." „Warum habe ich davon nie etwas mitbekommen?" „Wissen Sie Heiligkeit, in Ihrer Gegenwart benehmen sich die hohen Herren, aber wenn sie weg sind, dann zerreißen sie sich das Maul." Er trank einen Schluck Wasser und fuhr dann fort. „Einerseits sind sie neidisch auf den Erfolg, Ihrer, ja wie soll man sagen, ‚Regierungsform'. Sie scheinen das alles mit einer Leichtigkeit zu machen, ohne Anstrengung bekommen Sie die Kirchen voll, erreichen die Menschen. Andererseits haben sie Angst um ihre, ach so heilige Kirche." „Damit hören Sie auf", wies Paul X. ihn zurecht. „Sie wissen genau, wie ich dazu stehe", kam die klare Antwort zurück. „Sie haben Angst, dass sich die Dinge verändern könnten, dass sie ihr gewohntes Umfeld verlieren. Stellen Sie sich einmal vor, was passieren würde, wenn hier weibliche Bischöfe und Kardinäle herumspazieren würden." Er begann zu lachen. „Die würden doch einen Herzinfarkt bekommen." Er kam wieder auf das Thema zu sprechen. „Es geht darum, dass sie in ihrem eigenen Gefängnis aus Gewohnheit stecken und das zu keiner Veränderung führt." Simon löffelte seine Suppe weiter. „Haben Sie gegen den Täter Anzeige erstattet?" Paul X. lenkte das Gespräch wieder zum Kern zurück. „Nein, ich habe keine Beweise. Außerdem wissen Sie genau, dass es gefährlich ist, sich mit der Kurie anzulegen", erwiderte Roberto.

Es klingelte. Simon stand auf und öffnete die Wohnungstür. „Pater John" „Heiligkeit! Exzellenz! Ich komme wegen Herrn Hoffer." Sie begrüßten sich. „Können wir kurz unter vier Augen sprechen?", fragte Pater John. „Um was geht es denn?", erkundigte sich Roberto. „Der Anschlag, es geht um den Täter." „Dann können Sie hier offen sprechen! Möchten Sie einen Teller Suppe?", fragte

Paul X. „Nein danke. Aber vielleicht ein Glas Wasser."
Simon goss Pater John ein Glas Wasser ein. Roberto legte
den Löffel zur Seite und fuhr mit der Serviette über seinen
Mund. „Hier, lesen Sie selbst!" Er zog zwei Blätter Papier
aus seinem Umhang. Roberto vertiefte sich in die Papiere.
Stille senkte sich über den Raum. Dann sprang Lukas
plötzlich auf: „Roberto, was ist los mit dir?" Lukas rannte
um den Tisch herum und griff Roberto an der Schulter.
Dieser war weiß wie die Wand. Hätte Lukas ihn nicht
festgehalten, wäre er vom Stuhl gefallen. Roberto lies die
Blätter sinken, gab aber keine Antwort. Dann schloss er
die Augen. Lukas bekam es mit der Angst zu tun. „Roberto
was ist, sag doch was. Schnell, legen wir ihn auf den
Boden!" Gemeinsam mit Simon legten sie Roberto auf
den Rücken. Simon rüttelte leicht an seiner Schulter, um
ihn wach zu bekommen. Pater John war gehörig
erschrocken. „Damit habe ich jetzt aber nicht gerechnet."
Lukas griff zu den Blättern und begann zu lesen. Er stieß
einen spitzen Schrei aus und hielt sich mit einer Hand am
Tisch fest. Mit der anderen Hand griff er zum Wasserglas
und schüttete sich den Inhalt über den Kopf. Paul, der bis
dahin still dagesessen hatte, stand nun auf, eilte zu Lukas

und hielt ihn an der Schulter fest. Nach einer Weile beugte sich Lukas zu Roberto hinunter und gab ihm eine Ohrfeige. Dadurch wachte er auf. Langsam rappelte er sich auf und setzte sich an seinen Platz. „Bitte setzen Sie sich, ich würde Ihnen den Inhalt gerne vorlesen." Nachdem sich alle gesetzt hatten, begann er vorzulesen:

„Gelobt sei Jesus Christus.

Hier erhalten Sie den Auftrag Ihres Oberen und Ihres Gewissens zu folgen, Herr Roberto Hoffer, Bischof von Passau, in irgendeiner Form zu beseitigen. Wir geben ihnen freie Hand. Aber machen sie Ihre Sache gut. Und verwischen Sie die Spur zu ihrem Auftraggeber. Tun Sie, was getan werden muss, zum Ruhme Gottes und zum Ruhme des Werkes Christi. Gott segne Sie und halte seine schützende Hand über Sie."

Er atmete tief. Dann sagte er: „Und nun der Antwortbrief!" Roberto nahm das zweite Blatt.

„Gelobt sei Jesus Christus. Der Anschlag ist geglückt. Unser Täter hat seine Arbeit sehr gut gemacht, er hat sich aber erwischen lassen, was aber nicht weiter tragisch ist. Wir haben eine falsche Fährte gelegt. Uns wird niemand verdächtigen. Es war uns eine Ehre diese Tat zum Ruhme Gottes und zum Ruhme des Werkes Christi auszuführen."

Daraufhin folgte eine lange Zeit des Schweigens. Dann sagte Paul mit einer blechernen Stimme: „Pater John, sagen Sie mir, dass das ein übler Scherz ist!" „Es tut mir leid, Heiligkeit, diese Briefe habe ich abgefangen und sie kopiert. Ich weiß, dass das nicht erlaubt ist", er senkte den Kopf, „aber ich dachte, in diesem Fall sollten Sie davon wissen." Pauls X. Stimme bebte: „Simon, warum weiß ich nichts davon?" „Wenn Sie wüssten, was alles hinter Ihrem Rücken geschieht", murmelte Simon vor sich hin. „Lauter! Wir haben Sie nicht verstanden!" Simon schluckte: „Sie erfahren nicht einmal die Hälfte von dem, was in diesem Haus vor sich geht, weil Sie bei der Hälfte der Dinge einen Herzkollaps bekommen würden und an Ihrem Glauben zweifeln würden." Simon sah zur Seite. In diesem Moment konnte er niemandem in die Augen sehen. Die Klingel der Wohnungstür zerriss die Stille. Simon erhob sich, um aufzumachen. Lukas versuchte die Stimmung etwas zu

heben, indem er fragte: „Geht es hier immer so zu?"
„Nein, normalerweise haben wir unsere Ruhe, aber wir
sind ja auch schon mit dem Essen fertig." Noch bevor
Simon den Besuch ankündigen konnte, rauschten
Kardinalstaatssekretär Pietro und der Zeremonienmeister
Kardinal Rodrigo in den Raum. Pater John erschrak, als die
beiden den Raum betraten und ließ die Briefe unter dem
Tisch verschwinden. Leider nicht schnell genug, denn die
beiden Herren hatte noch die Chance einen schnellen
Blick darauf zu erhaschen. „Heiligkeit, wir wollten Ihnen
nur sagen, dass weder ich noch Kardinal Rodrigo Ihnen
diese E-Mail geschrieben hat und dass das ein
schreckliches Missverständnis ist." Pietro behandelte die
anderen wie Luft, nur zu Pater John warf er ab und zu
einen Blick. Dieser wurde immer nervöser. „Schon gut",
Papst Paul X. winkte ab, „sonst noch was? Denn wenn
nicht, würde ich Sie bitten, zu gehen." Paul sah die beiden
Männer fragend an. Sie verabschiedeten sich und
verließen den Raum. „Waren die Briefe signiert oder
unterschrieben", fragte Paul, als die beiden Männer fort
wahren. „Nein!" Pater John hatte es plötzlich sehr eilig.
„Ich muss jetzt gehen." Als er aus dem Zimmer war, fragte

Paul X.: „Was haben Sie jetzt vor? Jetzt haben Sie ja den Beweis!" „Nein, den habe ich nicht. Pater John hat die Briefe wieder mitgenommen. Außerdem möchte ich es nicht an die große Glocke hängen."

Eine Frau kam in den Raum gestolpert. Paul X. begrüßte Sie. „Hallo, das ist meine Putzfrau." Sie deutete einen Knicks an, dann sprudelten die Worte nur so aus ihr heraus: „Heiligkeit, Pater John ist auf der Treppe gestürzt. Es sieht nicht gut aus." „Was?" Paul X. sprang vom Tisch auf. Die anderen folgten ihm. Im Laufschritt ging es durch Gänge bis zur Treppe. Eine Etage tiefer lag Pater John. Das Erste, was Roberto wahrnahm, war ein seltsamer Geruch, etwas Verkohltes, Verbranntes. „Sagen Sie doch, was passiert ist." Paul X. kniete neben Pater John auf dem Boden. Simon kam dazu und hob den Kopf von Pater John an. „Er hat sich das Genick gebrochen." Vorsichtig legte er den Kopf wieder auf den Boden. „Hier, er muss gestolpert sein und sich in seinem Talar verfangen haben." Lukas zeigte auf das Gewand, das bis zu den Knien aufgerissen war. Roberto kniete sich ebenfalls neben Pater John. Dabei entdeckte er ein Häufchen Asche. Als er es näher betrachtete, erkannte er, dass das Häufchen die Briefe waren, die Pater John ihnen vorhin gezeigt hatte. Er nahm ein Taschentuch, schaufelte die Asche hinein und ließ sie unter seinem Gewand verschwinden. Dann dachte er grimmig: So viel zu meinen Beweisen. Doch er war sich sicher, dass das kein normaler Unfall gewesen war, denn Pater John wusste zu viel. Dann begann er für Pater John zu beten.

„Was soll das kosten?", fragte Roberto misstrauisch. Es war kurz vor Weihnachten, Roberto steckte mitten in den Vorbereitungen seines Jugend-Festivals. Er wollte der Welt zeigen, dass die Jugend an der Kirche interessiert war, wenn man es nur richtig machte. Einen kleinen Weltjugendtag wollte er veranstalten unter dem Motto ‚feiert Jesus und dich selbst'. Mit einem abwechslungsreichen Programm und einem großen Abschluss-Gottesdienst hatte er vor, den Glauben zu feiern. Auch der Papst war begeistert gewesen und hatte sogar seine Anwesenheit zum Abschluss-Gottesdienst angekündigt. Jetzt im Moment war Roberto nicht zum Feiern zumute. Eine Gemeinde seiner Diözese hatte sich in den Kopf gesetzt, aus der ehemaligen Klosterkirche eine Basilika zu machen. Dafür mussten der Altar und der Ambo fest mit dem Boden verbunden werden. Außerdem musste der Hochaltar zwei Meter nach hinten versetzt werden. Seine Unterschrift und Anwesenheit bei der Einweihung der neuen Basilika war erforderlich, bisher hatte er sich aber geweigert. Da Lukas eine Frage zu den Kosten noch nicht beantwortet hatte, sagte er erneut: „Und was wird das kosten?" Lukas blättert in seinen Unterlagen und sagte dann: „366.000,00 Euro". „Nein!" Roberto verschränkt seine Arme vor der Brust und lehnte sich in seinem Stuhl zurück. „Was soll das heißen, nein?" „Ich verstehe einfach nicht, dass es immer noch nicht allen klar ist, dass wir Menschen verlieren, weil wir so grenzenlos mit unserem Geld umgehen und dass es Menschen auf dieser Welt gibt, die täglich ums Überleben kämpfen müssen ... und wir hier Geld ausgeben, damit am Portal dann ein Schild mit ‚Basilika' hängt. Die Kirche bleibt gleich, bis auf Ambo und Altar. Das hätte man dann aber auch billiger bekommen können oder einfach gar nicht. Das Gleiche gilt für das Anschaffen von Messgewändern und liturgische Geräte. Wir haben so viel in unserer Domschatzkammer, da brauchen wir kein neues Zeug dazu zu kaufen. Dieses Geld wird ebenfalls gestrichen und für etwas Sinnvolleres genutzt. Und so zum Thema zurückzukommen. Nein, ich unterschreibe nicht und ich werde auch nicht kommen. Punkt." „Roberto! Bitte überlege es dir noch einmal." „Da gibt es nichts zu überlegen, ich…" Auf dem Marktplatz wurde es laut, Schreie waren zu hören. Roberto stand auf und sah zum Fenster hinaus. Der Weihnachtsmarkt hatte sich auf dem Domplatz ausgebreitet. Jetzt waren Polizisten zwischen den Buden verteilt. „Da ist was passiert, ich muss nachsehen was…" Roberto ließ Lukas stehen und eilte die Treppe hinunter, auf den Vorplatz des Palastes. Mehrere Polizisten standen um zwei am Boden liegende Personen: eine Frau, der ein Messer im Rücken steckte und ein Dunkelhäutiger, dieser war mit Handschellen gefesselt und wurde von einem Beamten festgehalten. Ein anderer Polizist hatte einen anderen Mann im Schwitzkasten, der wild strampelte und mit den Armen um sich schlug. Roberto sprach einen der Politzisten an: „Was ist hier los?" Der Polizist erkannt Roberto, da dieser seine Soutane trug. „Guten Morgen, Exzellenz. Ich meine, Herr Kardinal. Dieser Mann…", er zeigte auf den Dunkelhäutigen, am Boden liegenden Mann, „hat diese Frau mit einem Messer angegriffen, wir warten gerade auf den Krankenwagen." Die Bewegungen des Mannes, der im Schwitzkasten des Polizisten steckte, erstarben. Als Roberto näher hinging, erkannt er, dass der Mann weinte.

Der Krankenwagen nahm die Frau mit, während der dunkelhäutige Mann abgeführt wurde. „Ich will mit, ich will mit, lassen Sie mich, lassen Sie mich mit. Bitte!" Der Mann versuchte dem Krankenwagen hinterher zu rennen. Roberto erfuhr von dem Polizisten, dass es seine Freundin war, die jetzt im Krankenwagen lag. Mehrere Polizisten hinderten den Mann daran dem Krankenwagen hinterher zu laufen. Roberto trat zu dem Mann und sagte nach einer Weile: „Ihre Freundin ist jetzt in den besten Händen. Brauchen Sie jemanden um zu reden?" Der Mann viel Roberto weinend um den Hals. Als er sich wieder beruhigt hatte, sagte der Polizist: „Ich komme aber mit!" Gemeinsam liefen sie in Richtung Dom. Der Polizist setzte sich auf eine Bank hinter Roberto in den Dom. „Was ist denn passiert", fragte Roberto. Der Mann sagte weinend: „Das kann ich Ihnen nicht sagen." „Doch, das müssen Sie, wenn Sie es erst einmal ausgesprochen haben, geht es Ihnen besser." „Wir sind zusammen über den Weihnachtsmarkt gegangen. Plötzlich ging meine Freundin zu Boden. Und der Mann rief dabei ‚Gott ist groß' ..." Er sah zum Altar. „Wie kann ein Gott so etwas zulassen?" Er sah Roberto an. Nach einer kurzen Pause sagt Roberto: „Hat Gott oder ein Mensch Ihre Freundin niedergestochen?" Der Mann begann wieder zu weinen. Als er sich wieder beruhigt hatte, fuhr Roberto fort: „Das Böse kommt nicht von Gott, sondern von den Menschen selbst. Wenn ich einem anderen Menschen mit einem Kreuz denn Schädel einschlage und dabei rufe ‚Gott ist groß'. Wer ist dann schuld, das Kreuz und Gott oder ich, der Mensch?" „Aber warum greift Gott nicht ein?" „Ich glaube, Sie haben ein falsches Bild von Gott. Gott hat uns lieb, so lieb, dass er uns die komplette Freiheit schenkt. Somit können wir uns für das Gute oder das Böse entscheiden. Er hat uns aber auch einen Verstand und ein Gewissen gegeben, damit wir nachdenken können, was für uns und andere das Beste ist. Dazu sind aber leider nicht alle Menschen in der Lage." Nach einer kurzen Pause fragte der Mann: „Wird meine Freundin überleben?" Nach einer gefühlten Ewigkeit des Schweigens gab Roberto ihm zu Antwort: „Ich weiß es nicht ... Aber wir können für sie beten."

17.12.2017 - Passau

„Dann organisieren wir eben eine Gegendemonstration!“ Lukas hatte beim Einkaufen mitbekommen, dass rechte Gruppen eine Demonstration geplant haben, um gegen Ausländer zu demonstrieren. Der Auslöser hierbei war das Messerattentat auf die junge Frau vor zwei Tagen. Auch eine Partei, die im Deutschen Bundestag vertreten ist, hatte dazu aufgerufen. Doch das wollte Roberto nicht auf sich sitzen lassen. Die Frau hatte die Operation überlebt, lag aber noch im Koma. „Organisiere alles. Lass es in die Zeitung drucken und gib bei den Radiosendern Bescheid. Wir starten eine Gegendemonstration. Am gleichen Tag, zur selben Zeit, auch hier auf dem Marktplatz. Wir müssen zeigen, dass nicht alle Menschen so denken wie diese wenigen.“

Roberto saß im Passauer Dom und betete den Rosenkranz. Es war der Tag der Demonstration. Beide Seiten waren auf dem Domplatz versammelt. Tom hieß der Mann, deren Freundin niedergestochen worden war. Sie lag immer noch im Koma. Roberto beendete gerade seinen Rosenkranz: „Gott ist immer da, auch wenn es nicht danach aussieht, hab Vertrauen." Als die Türen des Doms aufgingen und die Organisatoren der rechten Demonstration hereinkamen, legte Roberto den Rosenkranz beiseite und stellte sich mit verschränkten Armen in dem Mittelgang. „Ich muss Sie bitten den Dom umgehend zu verlassen." „Wir würden hier aber gerne für die niedergestochene Frau beten." „Ich bitte Sie, den Dom zu verlassen, sobald Sie gebetet haben." „Aber..." „Nichts aber, danach gehen Sie und zwar sofort!" Tom kam zur Tür hereingerannt. „Sie ist aufgewacht...", unter Tränen fiel er Roberto um den Hals. Roberto wandte sich in Richtung Altar. „Danke Herr!" Zu den anderen Personen gewandt sagte er: „So, jetzt brauchen Sie nicht mehr zu beten, raus jetzt. Ich bitte Sie ein letztes Mal!" „Sie haben uns gar nichts zu sagen", kam die Antwort zurück. Roberto wurde jetzt laut und wütend: „Sie instrumentalisieren diese Tat, die schrecklich genug ist, für ihre Zwecke. Wenn jetzt im Moment hinter dem Dom jemand verletzt oder umgebracht wird, ist Ihnen das komplett egal, niemand bekommt es mit, niemanden interessiert das. Wenn Sie an ein Opfer denken, müssen Sie von nun an alle denken. Weil es ein Ausländer ist, mischen sie kräftig auf, für Ihre Zwecke. Und solche Menschen sind in diesem Haus Gottes unerwünscht!" Da sich keiner bewegte, wurde Roberto laut und schrie durch den Dom: „Raus hier! Sie machen das Gegenteil von dem, was der Herr dieses Hauses gelehrt hat. Sie können beten überall wo sie wollen, aber nicht in diesem Gotteshaus. Raus und zwar sofort!" Als es den anderen nun doch unangenehm wurde, verließen sie den Dom. Als sie schon fast draußen waren, rief Roberto ihnen nach: „Das Gute siegt immer über das Böse. Selbst wenn der Teufel bereits in der Welt wütet." Danach wandte er sich an Tom: „Lass uns für deine Freundin beten." Gemeinsam setzen sie sich in die Bank und begannen zu beten.

15.06.2018 - Passau

Zu Robertos Jugend-Festival ‚Feiert Jesus und euch selbst‘
waren mehr Menschen gekommen als er gedacht hatte.
Die Stimmung war grandios und die Bilder, die das
Fernsehen verbreitete, waren voller Leben und Energie.
Wichtige Personen aus der Politik waren anwesend,
ebenso aus anderen Bereichen, wie Sport und
Gesellschaft. Über zwei Tage ging es nun schon, mit
verschiedenen Workshops und vielem mehr. Papst Paul
X., war trotz seiner angeschlagenen Gesundheit gerade
mit dem Hubschrauber angekommen. Das große Gelände
war bis auf den letzten Platz gefüllt. Seit den frühen
Morgenstunden wurde um die besten Plätze ganz vorne
gerangelt. Die Jugendlichen klatschten und tanzen. Der
Gottesdienst wurde gefeiert. Die Band war eine Mischung
aus allen Bands, die am Tag zuvor aufgetreten waren.
Roberto ging ebenfalls mit der Musik, klatsche, lachte von
einem Bein auf das andere wippend. Die Stimmung war
grandios, als Roberto zu seiner Ansprache ansetze, wurde

es still: „Wir sind jetzt hier seit zwei Tagen versammelt. Durch diese Gemeinschaft ergänzen wir uns prima, jeder bringt eine andere Sache mit und macht diese Gemeinschaft zu dem, was sie ist. Deshalb möchte ich heute zu Beginn eine Geschichte erzählen: Es war einmal ein Gaukler, der auf seine alten Tage hin das ruhige Leben suchte und deshalb in ein Kloster eintrat. Das ruhige Leben tat ihm gut. Doch nach einer Weile bemerkte er, dass ihm auch etwas fehlte. Ihm fehlte es herumzutollen und lustige Späße zu machen. Deshalb schlich er sich eines Abends, als die Mönche sich zur Komplet versammelt hatten, aus dem Kloster in eine Kapelle. Dort angekommen, zog er sich sein Gauklerkostüm an. Tanzend und turnend sprang er durch die Kapelle, so wie er es früher auf den Straßen getan hatte. Da ihm aber ein anderer Mönch gefolgt war und ihn beobachtete, musste der Gaukler beim Abt erscheinen. Als der Abt ihn sah sagte dieser: ‚Ich habe gehört, was Sie getan haben‘. Der Gaukler bekam es mit der Angst zu tun. Umso überraschter war er, als der Abt fortfuhr: ‚Ich danke Ihnen, Sie haben Gott geehrt, so wie Sie es am besten können. Mit Herz und Seele. So wie Sie sind. Wir sprechen das

Gebet nur. Doch es gibt so viele verschiedene Arten zu beten. Sie, mein Bruder, haben uns vor Augen geführt, wie einseitig man das Gebet doch oft versteht'. Der Gaukler hat in seinem Element zu Gott gebetet, und ihn so geehrt, so wie er es am besten konnte. Heute sind wir viele, viele Menschen hier, jeder anders. Besonders anders. Jeder betet anders. Laut, leise, nach vorgeschriebenem Text oder frei. Gott will nicht, dass wir uns verstellen. Er will, dass wir so sind, wie wir sind, mit unseren Stärken und Schwächen. Denn wir alle sind einzigartig und so ist auch das Motto für dieses Fest „Feier Jesus und euch selbst" entstanden. Tun wir dies, feiern wir als einzigartige Kinder Gottes. Auch sagt uns diese Geschichte, dass es viele verschiedene Arten des Betens gibt. Man muss nicht immer in einer Kirchenbank sitzen, wenn man betet. Auch wir beten heute hier zusammen. Gesungenes ist genauso Gebet wie Gesprochenes. Eine gute Tat ist das Gleiche wie ein Gebet. Ihr müsst herausfinden, was für euch das Beste ist." Er erhob die geballte Faust zum Himmel. „Zeigen wir dieser Welt, dass Glaube etwas Wundervolles ist. Dass Gemeinschaft das Leben leichter und reicher macht. Mit Gott, in dem wir einen Rückhalt und ständigen Begleiter haben. Der immer da ist und der uns das Leben schenkt. Zeigen wir dieser Welt, was Glaube ausrichten kann. Dass wir in der Lage sind einen Berg zu versetzen. Das wir Vertrauen haben, dass jemand da ist, der uns beschützt und uns sehr lieb hat. Der uns nie allein lässt und beschützt für immer und ewig." Jubel brach aus, der Lärm war unglaublich. Genau das war Robertos Idee gewesen. Die vielen Kameras nahmen die Bilder auf von tanzenden und jubelnden Jugendlichen, die sich wohlfühlten. Genau diese Botschaft wollte er der Welt signalisieren. Der Glaube war nicht nur eine Verpflichtung mit Kirchgang und Gebet, sondern auch eine Möglichkeit Freunde zu treffen, neue Freunde kennenzulernen, den Mut zu besitzen, furchtlos in die Welt zu gehen und mit allerlei Problemen des Alltags fertig zu werden, mit der Zuversicht nie allein zu sein und ständig beschützt zu werden.

Es waren 20 Jahre vergangen. Es waren ruhige Jahre gewesen. Große Streitereien mit dem Vatikan oder anderen hohen Kirchenmännern waren ausgeblieben. Die einzige nennenswerte Aktion war ein Rauswurf aus einer Sitzung der Kurienversammlung. Roberto hatte eine Prüfung der Vatikanbank durch ausländische Experten beantragt, um endlich aufzuräumen mit den dunklen Machenschaften. Da es aber auch andere Kardinäle gab, die so dachten, wurde eine Überprüfungskommission ins Leben gerufen. Mit einem englischen Bankdirektor, namens Edward, an der Spitze. Edward trieb die Arbeit voran und nach nur einem Jahr war ein mehrere Seiten dicker Bericht verfasst. Als der Bericht auf dem Weg zum päpstlichen Büro war, wurde Edward unter einer Londoner Brücke erhängt aufgefunden. Kurz darauf verschwand der Bericht spurlos, die anderen Mitarbeiter ebenfalls. Die Medien und die Bevölkerung zerrissen sich das Maul darüber und Verschwörungstheorien wurden in die Welt gesetzt. Roberto war nicht sonderlich überrascht gewesen, dass der Bericht sein Ziel nicht erreichte. Trotzdem war er traurig über Edwards Tod. Doch ihn hatte es von Anfang an gewundert, dass gewisse Kardinäle eine solche Untersuchung überhaupt einfach so hinnahmen. Sonst war in dieser Zeit nicht sonderlich viel passiert. Er hatte die Kirche seiner Diözese stark verändert. Er hatte zum Beispiel die Jesus-Geburtstags-Party, am Heilig Abend, in seiner Diözese eingeführt. Nach dem Gottesdienst legte ein DJ im Gemeindehaus Musik auf und es wurde Jesus Geburtstag gefeiert. Auch gab es einmal im Monat einen Jugendgottesdienst mit bunten Lichteffekten und einer modernen Band. Das Leben war entspannt und gut gewesen. Doch jetzt war alles auf Stufe rot. Der Papst war tot. Papst Paul X. war trotz seiner immer wieder aufgetretenen Krankheit sehr alt geworden. Und jetzt war es an der Zeit, einen neuen Papst zu wählen.

Die Kardinäle trafen sich, obwohl es manchen wohl lieber gewesen wäre, dass Roberto nicht dazu gehörte. Er war nicht gern gesehen im Vatikan, wobei man aber zwischen Kardinälen und Angestellten unterscheiden musste. Auch die meisten Kardinäle waren bereits mit ihm befreundet.

Es gab mehrere Lager bei dieser Papstwahl. Die Konservativen, die Reformer, und die, die sich zu keinem von beiden dazu zählten. Nach dem zweiten Wahlgang im Konklave, als die Wahl noch kein Ergebnis zeigte, stand Kardinalsekretär Pietro auf und wandte sich an die versammelten Kardinäle: „Es gibt hier einen von uns, der der nicht in unsere Kirche passt. Der Bemerkungen macht, die wir nicht gutheißen können. Nach längerer Beratung haben wir uns dazu entschlossen, ihn von dieser Wahl auszuschließen. Roberto Kardinal Hoffer, ich bitte Sie, die Kapelle zu verlassen." Von allen Seiten wurde Gemurmel laut, weniger über die Anschuldigungen, sondern eher über die Tatsache, dass gerade ein Kardinal von einem anderen ohne Absprache der großen Mehrheit hinausgeworfen werden sollte. Roberto wollte keinen Ärger verursachen und stand deshalb auf. „Ihr seid die, die diese Kirche lenken nach dem Plan Gottes. Wir müssen sie in die Zukunft lenken. Deshalb bedenkt eure Wahl. Ihr seid dem Heiligen Geist und Christus verpflichtet. Ihm vertraue ich allein. Möge er euch lenken, auch die Verbohrten und Verstockten unter euch." Er ging Richtung Ausgang. Bevor er die Kapelle verließ, wandte er sich noch einmal um und rief in die Kapelle hinein: „Reformiert diese Kirche, und ehrt so seinen Namen. Gelobt sei Jesus Christus. In Ewigkeit. Amen." Dann verließ er mit schnellen Schritten die Kapelle.

Nachdem er sich seine zivilen Sachen angezogen hatte, spazierte er durch die Vatikanischen Gärten. Hinter einem Wäldchen versteckt lag ein kleines Kloster. Roberto setzte sich in die Kirche. Ein Mönch war gerade dabei Blumen aufzustellen. Als dieser Roberto sah verschwand er. Fünf Minuten später kam ein anderer Mönch und setzte sich wie selbstverständlich neben Roberto. Ohne Zusammenhang begann er zu sprechen. „Das Böse ist überall. Sie haben versucht mich davon abzuhalten meinen Mund aufzumachen, indem Sie mich in dieses Kloster gesteckt haben." „Kennen wir uns?" Roberto war irritiert. „Nein", kam die Antwort zurück. „Ich kenne Sie, aber sie kennen mich nicht. Und dabei bleibt es besser auch. Auf diesen Tag habe ich schon lange gewartet."

Robertos Neugier war geweckt. Was wollte dieser Mensch wohl von ihm? Woher kannte er ihn? „Ich weiß nicht wirklich, was ich sagen soll." Er musterte den Mönch. Er war etwa in seinem Alter, vielleicht auch etwas älter. Sein Gesicht war schmal. Er hatte eine Glatze und einen Bart, der ihn bis zur Brust ging. Der Mönch kam etwas näher zu ihm heran. „Nennen Sie mich einfach Pater. Ich habe im Vatikan gearbeitet. Ich weiß mehr als die meisten anderen. Deshalb bin ich heute auch hier. Ich weiß über Geheimnisse und Peinlichkeiten Bescheid." Er sah Roberto an: „Über Ihren Anschlagstäter, den Mord an Edward und vieles mehr..." Roberto erschrak, war dieser Mann geisteskrank oder sagte er die Wahrheit? „Ich wollte den Mund aufmachen, das hat nicht allen gefallen." „Und warum sagen Sie mir das alles?" „Weil ich weiß, dass Sie dem allen Einhalt gebieten können." Er gab Roberto ein Kärtchen mit einer Nummer darauf und ein Fläschchen mit einer gelben Flüssigkeit. „Wir treffen uns morgen wieder. In diesem Beichtstuhl um 18 Uhr. Mit dem Kärtchen gehen Sie ins Geheimarchiv des Vatikans. Man wird Ihnen etwas bringen, das sehen Sie sich an. Die Flüssigkeit brauchen Sie dazu. Mal sehen, was Sie mir morgen erzählen können." Ein Lächeln huschte über sein Gesicht. Er stand auf und verschwand. Roberto fröstelte es. Er wusste nicht wirklich, was er von dieser Begegnung halten sollte. Die Kirche kam ihm plötzlich bedrohlich, düster und kalt vor. Etwas war in diesen Gemäuern faul und dieser Mönch hatte gerade damit begonnen, ihn in gefährliche Dinge einzuweihen. Den Tod des Bankdirektors Edward, sein Attentat und noch vieles mehr. Schnell eilte er aus der Kirche.

Roberto sah auf seine Uhr. Es war bereits Dreiviertel Eins. „Mist!" Die Vatikanische Bibliothek hatte Mittagspause. Er blieb stehen und dachte nach. Die Papstwahl war ebenfalls unterbrochen. Es gab Mittagessen und danach war noch Mittagspause. Er machte kehrt und lief in Richtung der Sixtinischen Kapelle. Jetzt hatte er Zeit sich das Deckenfresko anzusehen. Der Wärter, der vor der Tür stand, winkte ihn durch und schloss hinter ihm die Tür. Jetzt war er allein in der Kapelle, über ihm die Gemälde Michelangelos. Ehrfürchtig schritt er in die Mitte der Kapelle und legte sich rücklings auf den Boden. Jetzt konnte er die Gemälde ansehen, ohne Nackenschmerzen zu bekommen. So lang er eine Weile da und betrachtete die meisterhaften Fresken, als die Tür aufging und ein weiterer Kardinal die Kapelle betrat. Als dieser Roberto daliegen sah, kam er angelaufen und rief schon von weitem: „Alles in Ordnung? Geht es ihnen nicht gut?" Er beugte sich zu Roberto hinunter. Es war Thomas Kardinal Högerle, Erzbischof von München-Freising. „Ja alles gut, mir geht es gut", entgegnete Roberto seelenruhig. „Stehen Sie lieber auf! Wenn Sie ein anderer Kardinal so erwischt, gibt es Ärger." Roberto blieb gelassen. „Ganz ruhig, legen Sie sich doch zu mir … Wann waren Sie zuletzt ein Kind?" Da Thomas darauf keine Antwort wusste, legte er sich zögernd neben Roberto. Zusammen betrachteten sie die Decke. Versonnen sagte Roberto: „Wo die Worte nicht mehr reichen, da fängt die Musik oder in diesem Fall die Kunst an … Was sehen wir?" Er schaute zu Thomas: „… nur Menschen, von einem Menschen gemalt…" Er sah wieder zur Decke hoch: „… und doch hat es etwas Magisches, es strahlt etwas aus, als ob es keine Decke gebe sondern ein großes Loch, dass uns zum Himmel blicken lässt." Er zeigte auf das Fresko, das die Erschaffung des Adam zeigt. „Ein menschlicher Gottvater, wie wir ihn uns vorstellen oder auch nicht, es ist ein Versuch, das festzuhalten, was unseren Verstand übersteigt." Er wurde still. Die Augen an die Decke gerichtet, versunken in Gedanken. Bis sich die Tür der Kapelle erneut öffnete und ein weiterer Kardinal den Raum betrat. „Sind sie von allen guten Geistern verlassen?", rief dieser, als er Roberto und Thomas Kardinal Högerle daliegen sah. Thomas rappelte sich auf, doch Roberto blieb liegen. „Was tun Sie da?" Der eingetretene Kardinal war Angelo, der Patriarch von Venedig. Thomas murmelte eine Entschuldigung und strich sein Gewand glatt. Roberto klopfte mit der flachen Hand auf den Boden neben sich: „Legen Sie sich zu mir!" Zur großen Überraschung von Thomas tat Angelo dies sogar. Er hatte aber etwas Mühe, da er dicklich war. Nachdem er lag und sich auch Thomas wieder dazu gelegt hatte, fragte Angelo erneut: „Und was tun sie jetzt hier?" Er sah Roberto an. Dieser zeigt zur Decke. „Wir tun, was Kinder tun würden. Die Decke dieser wunderschönen Kapelle anschauen." „Das können Sie aber auch im Stehen!" Roberto lächelte: „Dann ist es aber auch nichts Besonderes mehr." Angelo faltete seine Hände über seinem Bauch zusammen und betrachtete die Decke. „Nehmt euch ein Beispiel an den Kindern, denn ihnen gehört das Himmelreich." Thomas schwieg, als Roberto in einem sanften Ton ergänzte: „Unkompliziert, einfach, neugierig. Kein Stress, keine Hektik." Er seufzte. Es wurde wieder still. Nach einer längeren Pause begann Roberto zu singen. Seine klare, helle Stimme erfüllte jeden Winkel der Kapelle: „Mutter Maria, mit dir will ich geh'n, lass meine Hand nie mehr los. So wie ein Kind ohne Angst und ganz frei, geh' ich den Weg nun mit dir…" Thomas bekam eine Gänsehaut. Angelo schloss die Augen. Beide fühlten sich frei und leicht, schwebend, Michelangelos Malereien entgegen. Angelo kamen Gedanken, an die er vorher noch nie gedacht hatte: War nicht vieles so einfach? Wurde nicht vieles verkompliziert? Er musste an viele Dinge denken, die innerhalb der Kurie zu Streit führten, obwohl das Problem nur durch die Kurie entstand. Weil man nicht in der Lage war zu reden. Er wäre vermutlich eingeschlafen, wäre der Wächter nicht gekommen um anzukündigen, dass die anderen Herren Kardinäle auf dem Weg zur Kapelle waren. Er sah zwar fragend drein, stellte aber keine weiteren Fragen. Die drei erhoben sich. Roberto verließ die Kapelle durch die Seitentür. Thomas und Angelo gingen, jeder seinen Gedanken nachhängend, an ihren Platz.

Es war größtenteils die Neugier, die Roberto wenige Stunden später zum großen Archiv des Vatikans führte. Am Eingang saß ein Mönch in einer braunen Kutte. Erst als Roberto ihm die Karte mit der Nummer gab, ließ er ihn ein. Er führte ihn in einen Raum mit vielen Tischen und gab ihm zu verstehen, dass er hier warten sollte. Nach etwa zehn Minuten kam er wieder und hatte ein dickes Buch unter seinem Arm. Nachdem er es auf den Tisch gelegt hatte, sagte er: „Hier bitte, wenn Sie Hilfe brauchen, melden Sie sich einfach!" Dann verließ er den Raum. Roberto kramte das Fläschchen mit der gelben Flüssigkeit aus seinem Gewand und stellte es auf den Tisch neben das Buch. Das Buch war zu Robertos Erstaunen ein Rechnungsbuch der Vatikanbank. Mit Ausgaben und Einnahmen. Mit Konten verschiedener Personen. Jede Aktivität, jedes Konto war aufgezeichnet. Roberto sah sich das Buch von vorn bis hinten genau an. Außer, dass die letzten beiden Seiten weiß waren, viel ihm nichts Besonderes daran auf. Sein Blick wanderte zu dem Fläschchen. Gedankenverloren nahm er es und roch daran. Er kam aber nicht dahinter, was es war. So in Gedanken versunken, blätterte er das Buch noch einmal durch. Plötzlich stand der Mönch hinter Roberto und sprach ihn an: „Alles in Ordnung, kommen Sie allein zurecht oder brauchen Sie noch etwas, da ich noch etwas erledigen muss. Ich stehe ihnen dann gleich wieder zur Verfügung?" Roberto erschrak und stieß dabei das Fläschchen um. Dies bemerkte weder der Mönch noch Roberto selbst. „Nein, nein, alles gut", und der Mönch verschwand wieder. Erst jetzt fiel Roberto auf, dass die Flüssigkeit ausgelaufen war. „Mist, das Buch ist nass." Schnell nahm er ein Taschentuch, um die Flüssigkeit aufzutupfen. Also er das meiste aufgesaugt hatte, bemerkte er, dass auf den letzten beiden Seiten eine Schrift aufgetaucht war. „Das hatte der Mönch also gemeint, als er gesagt hatte, dass ich das brauche?", dachte er. Doch das, was er da lesen konnte, half ihm rein gar nichts. Da die Flüssigkeit zu trocknen begann und die Schrift zu verschwinden drohte, machte Roberto mit seinem Handy ein Foto. Dann sah er sich die Seite noch einmal an. Das einzig Besondere war, dass der Name Carlos Russo sehr oft auftauchte. Irgendwo hatte er diesen Namen schon einmal gehört. Er wusste nur noch nicht wo. Roberto klappte das Buch zu und verließ die Bibliothek.

26.06.2028, 7:30 Uhr - Vatikan

Als Roberto am nächsten Morgen aufwachte, wusste er immer noch nicht, wer Carlos Russo war oder was er grundsätzlich von allem halten sollte. Es war ein sonniger Tag und Roberto macht einen Spaziergang in den Vatikanischen Gärten. Als er um die Ecke bog, sah er Kardinal Angelo auf einer Bank sitzen. Dieser hatte sich offensichtlich kurz aus dem Konklave zurückgezogen. Er gab ihm mit einer Handbewegung zu verstehen, dass er sich zu ihm setzen sollte. Nachdem sich Roberto gesetzt hatte, sagte er: „Und? Wie verläuft die Wahl?" „Nicht, sonderlich gut. Es gibt einfach keine Mehrheiten." „Und Sie? Wären sie nicht für dieses Amt geeignet?" Robert sah Kardinal Angelo erwartungsvoll an. Kardinal Angelo hob abwehrend die Hände: „Ich würde viel zu viele Fehler machen. Nein, das könnte ich nicht." Er senkte den Kopf. Roberto nahm seine Hand: „Ja und? Sie müssen immer daran denken: Sie sind nicht Gott, Sie sind nur ein Mensch." Kardinal Angelo lächelte Roberto an. Dann folgte eine Zeit des Schweigens. Nach einer ganzen Weile

sagte Kardinal Angelo: „Was ist nur unser Problem?"
Roberto fragte: „Wie meinen Sie?" „Ich meine, dass
unsere Kirche zerfällt, dass sie uninteressant wird."
Roberto sagte: „Die Einsamkeit, es ist die Einsamkeit."
Jetzt war es Kardinal Angelo, der irritiert dreinschaute.
„Wie meinen sie das nun?" Roberto zeigte in Richtung des
Apostolischen Palastes. „Da! große, leere, kalte Räume.
Ein bürokratisches Machtzentrum. Groß und protzig. Das
soll vertuschen, dass die Räume eigentlich leer sind. Keine
Freude, kein Glück, keine Liebe, isoliert von der
Außenwelt. Von Gottes Feuer verlassen. Weil wir sie
ausgesperrt haben. Obwohl es doch unsere Aufgabe
wäre, sie mit all dem zu füllen und dadurch Gottes
Gegenwart erlebbar zu machen. Jeder Priester ist alleine,
auch wir." Roberta sah Kardinal Angelo traurig an: „Die
Einsamkeit versteinert einen Menschen. Wenn man
immer alleine ist, verliert man die Freude, die Lust am
Leben." Kardinal Angelo sagte nichts mehr. Er hielt sein
Gesicht in die Sonne. Roberto beschloss Kardinal Angelo
nach Carlos Russo zu fragen. Schließlich war Kardinal
Angelo ein Italiener. „Könnten Sie mir eine Frage
beantworten?" Kardinal Angelo schaute zu Roberto:

„Aber natürlich, sofern ich sie beantworten kann." „Kennen Sie einen Carlos Russo?" Kardinal Angelo erschrak und sah Roberto misstrauisch an: „Was haben sie mit dieser Person zu schaffen?" „Ich weiß doch nicht einmal, wer das ist…", verteidigte sich Roberto. Er war selbst auch etwas erschrocken über Angelos Reaktion. „Sind sie sicher?" „Ja, sonst hätte ich doch nicht gefragt." Kardinal Angelo beugte sich zu Roberto hinüber: „Carlos Russo ist ein Gangsterboss. Der Chef der italienischen Mafia." Jetzt war es Roberto, der erschrak. Was hatte der Chef der italienischen Mafia in den Rechnungsbüchern des Vatikans zu suchen? „Aber sagen Sie mal, woher haben Sie diesen Namen?", wollte Kardinal Angelo wissen. „Ich habe ihn irgendwo aufgeschnappt", antwortet Roberto ausweichend. Kardinal Angelo ließ diese Antwort gelten und sie redeten noch eine Weile über Gott und die Welt. Bevor sie auseinandergingen, sagte Roberto: „Ich wüsste jemanden, der für das Papstamt in Frage kommen könnte." Kardinal Angelo sah Roberto erwartungsvoll an. „Ein geeigneter Mann wäre Kardinal…"

Eine halbe Stunde später saß Kardinal Angelo in der Sixtinischen Kapelle. Der nächste Wahlgang sollte gleich starten. Kardinal Angelo erhob sich und sagte mit erhobener Stimme: „Brüder, wir kommen zu keinem Ergebnis, wir stecken fest. Die ganze Kirche steckt fest und braucht Reformen, neue Ideen. Deshalb schlage ich nun einen Kandidaten vor. Ich weiß, dass er nicht allen gefallen wird. Aber ich habe mit ihm gesprochen, nicht nur einmal…" Er machte eine Pause. „Ich stehe voll und ganz hinter ihm, weil ich von ihm überzeugt bin, dass er der richtige Mann ist." Wieder machte er eine Pause. Dann sagte er: „Es ist Kardinal…"

Nachdem Angelo den Namen verkündet hatte, ging ein Raunen durch die Kapelle, aber viele waren von seinem Vorschlag angetan. So schritten sie zum nächsten Wahlgang.

26.06.2028, 18 Uhr - Vatikan

Punkt 18 Uhr saß Roberto im Beichtstuhl der Klosterkirche in den Vatikanischen Gärten. Fünf Minuten später öffnete sich die Tür auf der Rückseite des Beichtstuhls. Der Mönch kam herein. „Entschuldigen Sie, dass ich von hinten hereinkomme, aber es soll ja ein geheimes Treffen sein." Roberto konnte nicht mehr stillsitzen. „Was hat ein Mafiaboss in den Rechnungsbüchern der Vatikanbank zu suchen?", platzte es aus ihm heraus. „Sie haben es also herausgefunden!" Der Mönch lächelte. „Das habe ich mit dem Bösen gemeint." „Ja, aber warum in den Rechnungsbüchern?", fragte Roberto. „Auch ein Mafiaboss muss Geld verdienen", kam die Antwort zurück. „Er tut es nur etwas anders als die meisten anderen Menschen." „Geldwäsche", hauchte Roberto, „Sie sind aber ein ganz Schlauer", der Mönch lächelte spöttisch, „ganz genau. Und nicht nur er. In diesen Gebäuden gibt es viele Personen, die sich an diesen Geschäften gerne beteiligen. Um ihr eigenes Konto oder das von bestimmten Orden aufzufüllen." Roberto war sprachlos. Der Mönch fuhr fort: „So kommt man dann auch zu Ihrem Attentat. Was glauben Sie, warum Res Christi so mächtig ist? Eine so kleine Organisation?" Es entstand eine Pause. Dann fuhr der Mönch abermals fort. „Mit Geld ... mit Geld, das sie erhalten. Geld, das durch die Vatikanbank fließt mithilfe bestimmter Kardinäle. Der Mafiaboss erhält für seine Hilfe eine gewisse Summe." „Musste Edward deshalb sterben?", fragt Roberto. „Edward?" Der Mönch überlegte: „Ach, Sie meinen den Bankier. Ja ich denke schon. Er wusste wohl zu viel..." „Das kann ich alles einfach nicht glauben." „Dann fragen sie doch mal Kardinal Josef. Er ist der Chef der Vatikanbank. Eine gute Seele. Aber er steht unter dem Einfluss von Kardinalstaatssekretär Pietro. Er wird Ihnen alles erzählen, wenn Sie etwas Druck machen. Aber übertreiben Sie es nicht. Er ist, wie schon gesagt, eine gute Seele und hält nicht so viel aus. Deshalb war es für Kardinalstaatssekretär Pietro auch ein Leichtes ihn zu beeinflussen." „Aber..." Roberto wollte zur nächsten Frage ansetzen, aber der Mönch war schon verschwunden. Roberto blieb noch eine Weile sitzen und dachte über das

Gespräch nach. Dann beschloss er Kardinal Josef aufzusuchen.

Eine halbe Stunde später klopfte Roberto an das Büro von Kardinal Joseph. Roberto hatte das Glück, dass der Kardinal in seinem Büro war. Er sortierte Akten. Roberto wusste zwar nicht warum, denn schließlich war es ja die Zeit des Konklaves, aber insgeheim war er doch froh ihn zu sehen. „Womit kann ich Ihnen behilflich sein?", fragte Kardinal Joseph, als sie sich gesetzt hatten. Kardinal Joseph war ein Mann im mittleren Alter mit vollem lockigem Haar. Seine schmale Gestalt hatte etwas Leichtes. „Ich möchte nur ein bisschen mit ihnen plaudern." Kardinal Josef antwortete nicht. Roberto sah sich im Zimmer um. „Sagen Sie mal. Können Sie nachts noch ruhig schlafen?" „Wie ... Wie meinen sie das?" Kardinal Josef wurde merklich unruhiger. „Ich meine", Roberto lehnte sich zurück, „dass sie verantwortlich sind für die Vatikanbank ... in der es wohl sehr belebt zugeht." „Wie ... Ich verstehe nicht?" Kardinal Josephs Hände begannen zu zittern. Roberto beugte sich vor: „Sagt Ihnen der Name Carlos Russo etwas?" In diesem Moment trat Kardinalstaatssekretär Pietro ein. Kardinal Josef war nach dem Erwähnen von Carlos Russos Namen bleich geworden. Jetzt, als Kardinalstaatssekretär Pietro eintrat, wurde Kardinal Joseph noch bleicher. Als Kardinalstaatssekretär Pietro Roberto sah und den Namen Carlos Russo hörte, wurde er rasend. Seine Augen wurden zu schmalen Schlitzen und seine Hände formten sich zu Fäusten: „Was haben Sie ihm erzählt?", schrie er Kardinal Josef an. Da dieser nicht antwortete und zur Seite sah, packte Pietro Kardinal Joseph am Hals und begann ihn hin und her zu schütteln. „Was... Was haben Sie ihm erzählt?" Roberto, der bis dahin vor Schreck ruhig da saß, griff nun ins Geschehen ein und gab Kardinalstaatssekretär Pietro einen Stoß, so dass dieser zur Seite stolperte und Kardinal Josef los ließ. Josef ging zu Boden und rang nach Luft. „Nichts hat er erzählt", gab Roberto mit eisiger Stimme zu Antwort, „ich habe ihn gefragt! Ich wusste es bereits vorher. Und zwar nicht von ihm. Er hat kein Wort gesagt," Roberto zeigte auf Kardinal Josef, der sich langsam aufrappelte. „Und jetzt haben Sie es mir bestätigt!" Kardinalstaatssekretär Pietro war trotz Robertos Antwort nicht zu bremsen. Plötzlich hatte er eine Pistole in der Hand. Er gab Kardinal Joseph, der gerade wieder auf den Beinen stand, eine Ohrfeige, so dass dieser wieder zu Boden ging. „Sie sind unfähig, alle hier sind unfähig…", schrie Kardinalstaatssekretär Pietro. Dann wandte sich Pietro Roberto zu: „Und nun zu Ihnen!" Krachend fiel ein Schuss. Roberto warf sich zu Boden. Haarscharf verfehlte ihn die Kugel. An der Wand zersprang eine Vase. Kardinal Josef rappelte sich zum zweiten Mal auf, er blutete aus Mund und Nase: „Sind Sie wahnsinnig?", schrie Roberto Pietro an. Diesem wurde erst jetzt bewusst, was da gerade passiert war. Er ließ die Pistole fallen und rannte kopflos aus dem Raum. Roberto wollte ihn verfolgen, half dann aber Josef auf. „Meine schöne Vase, sie war ein Erbstück meiner Eltern … Ich kann nicht mehr." Roberto half ihm hoch. Sie setzten sich und Josef begann mit Tränen erstickter Stimme zu erzählen, was in den letzten Jahren alles geschehen war. Roberto konnte es einfach nicht glauben, was er da zu hören bekam. Als Kardinal Josef geendet hatte, trat der Präfekt der Glaubenskongregation Kardinal Franko ein. Auch seine Augen waren gerötet und nun musste sich Roberto von einem zweiten Kardinal anhören, was in diesen Mauern alles schiefgelaufen war und noch immer lief. Franko hatte Pietro aus dem Zimmer stürmen sehen und hatte daraufhin gelauscht. Als er hörte, was Kardinal Josef Roberto erzählte, kam bei ihm die Reue auf und er dachte sich, dass es wohl besser wäre Roberto auch in seine Dinge einzuweihen.

26.06.2028, 18:30 Uhr - Vatikan

Roberto rannte schockiert von den Geständnissen der beiden Kardinäle und des diabolischen Verhaltens von Kardinalstaatsekretär Pietro und des Zeremonienmeisters Kardinal Rodrigo – denn er hatte Franko unter Druck gesetzt – durch die Gänge des Apostolischen Palastes in Richtung Petersdom. Und weil es noch nicht reichte, dass diese zwei Kardinäle in solch dunkle Machenschaften verwickelt waren, ‚hatten seine beiden Beichtkinder' ihm eine Liste mit mehr als 20 Personen mitgegeben, die ebenfalls mit in den Angelegenheiten steckten. Er rannte und wusste selbst nicht wirklich wohin. Er sah weder die prunkvollen Räume noch die mächtigen Treppen. Er blendete alles aus. Als er im Petersdom angekommen war, ließ er sich in einer Seitenkapelle auf die Knie fallen. Er war alleine. Durch die Papstwahl war der Dom für Besucher geschlossen. So für sich alleine, im Gebet versunken, bekam er nicht mit, was sich neben ihm im Apostolischen Palast abspielte.

Endlich hatte ein Kardinal eine entsprechende Mehrheit errungen. Weißer Rauch stieg aus dem Kamin der Sixtinischen Kapelle und die Menschenmassen strömten auf den Petersplatz. Aber die Kardinäle hatten ein Problem, sie konnten ihren neuen Papst nirgends finden. So begann die große Sucherei. Nach einer halben Stunde fand ein Gärtner den gesuchten Kardinal, als er im Petersdom verwelkte Blumen beseitigen wollte. „Eure Heiligkeit" rief dieser, als er Roberto in der Seitenkapelle knien sah. „Ich bin weder heilig noch der Papst", gab Roberto lächelnd zu Antwort. Der Gärtner war verwirrt. „Aber Sie wurden doch gerade gewählt. Der ganze Vatikan sucht nach Ihnen." Das Lächeln verschwand schlagartig aus Robertos Gesicht. „Das ist ein Scherz, oder?" Roberto wurde unsicher. „Soviel ich weiß, nicht," Roberto wurde weiß wie die Wand und wandte sich in Richtung Altar der Kapelle. Mit geschlossenen Augen und an den Mund gepressten, gefalteten Händen murmelte er etwas. „Ich möchte Sie ja nicht stören, aber die Herren Kardinäle warten!" Roberto erhob sich und verließ in Begleitung des Gärtners den Petersdom.

Auf dem Weg in die Sixtinische Kapelle begegneten sie Kardinal Angelo, dem Patriarchen von Venedig. „Da sind Sie ja!" Er sah erleichtert aus. Er nahm Roberto bei der Hand und zog ihn in einen angrenzenden Raum der Sixtinischen Kapelle. „Hier, Sie müssen sich umziehen." Er hielt Roberto das weiße Papstgewand unter die Nase. „Ich... ich", Roberto war überfordert. „Was geschieht hier?" „Sie sind unser neuer Papst", entgegnete Angelo. Erst jetzt begriff Roberto, was hier gerade geschah. „Ich, Papst? ... Ich war doch nicht einmal bei der Wahl dabei?" „Vielleicht war das einer der Gründe, warum Sie gewählt worden sind?" Roberto schluckte und sagte dann: „Also gut, wenn Ihr es wollt, dann sei es so. Mit Gottes Hilfe. Aber was erhoffen Sie sich von mir?" Roberto sah Angelo an, während er sich das weiße Gewand anzog. Angelo lächelte: „Wir erhoffen uns einen tanzenden Papst" „Hä?" Roberto verstand nicht. Angelo sagte: „Wir hoffen auf einen neuen Papst. Einen Papst, den es so vorher noch nicht gegeben hat." Er macht eine Pause. „Reformen, neue Mitarbeiter?" Er sah Roberto in die Augen. „Eine neue Kirche." Roberto erschrak. „Woher kennen Sie diesen Satz?" Angelo winkte ab. „Das ist jetzt nicht so wichtig, Hauptsache Sie tun es!" „Okay", bei Roberto legte es in diesem Moment ein Schalter um. „Dann holen Sie bitte den ‚Pater' aus dem Kloster in den vatikanischen Gärten her zu mir." Angelo lächelte. „Ach, Sie meinen Martin Brunelli? Ja, das tue ich gern." „Und", Roberto wandte sich erneut an Angelo: „Sorgen Sie bitte dafür, dass kein Thron, sondern ein ganz normaler Stuhl für mich aufgestellt wird." Bevor Angelo den Raum verlies hielt Roberto Angelo am Arm fest und sagt. „Ich wollte das nicht und das wissen Sie" Angelo erwiderte nichts und verließ lächelt den Raum. Nun stand Roberto alleine in dem kleinen Raum und dachte darüber nach was er jetzt alles tun musste.

Eine Viertelstunde später zog Roberto im weißen Gewand in die Sixtinische Kapelle ein. Begleitet wurde er von Kardinal Angelo und Martin Brunelli, dem Mönch aus den Vatikanischen Gärten. Nicht alle waren angetan von dieser Prozession. Besonders Kardinalstaatssekretär Pietro und Zeremonienmeister Rodrigo sahen Roberto mit verhassten Blicken an. Als Roberto sich gesetzt hatte, sagte er: „Ihr seid doch verrückt, so einen wie mich zu wählen! Trotzdem hoffe ich, dass ich dieses Amt zu eurer Zufriedenheit ausführen kann." Er wandte sich an Martin Brunelli, der neben ihm stand: „Bevor ich auf die Loggia trete, habe ich noch ein paar Bekanntmachungen." Er machte eine Pause: „Martin Brunelli wird in Partnerarbeit mit Kardinal Josef die Leitung der Vatikanbank übernehmen. Und diese nach meinen Wünschen neugestalten." Kardinal Joseph sah Roberto dankbar an. „Kardinal Pietro und Kardinal Rodrigo. Ich beurlaube Sie hiermit auf unbestimmte Zeit." Beide saßen mit offenem Mund da, da sich aber keiner bewegte sagte Roberto in einem gefährlichen Ton. „Wir wollen ja nicht, dass die ganze Welt etwas über Ihr Privatleben erfährt." Roberto lächelt. Es war aber kein nettes Lachen, sondern ein gefährliches. Die beiden Kardinäle standen auf und verließen die Kapelle. Dann wandte er sich an Angelo: „Über Ihr neues Amt reden wir später auch noch." Die Kardinäle erhoben sich und klatschen Beifall. „Lukas wo bist du?", rief Roberto. Lukas kam in diesem Moment zur Türe herein. Mit offenem Mund stand er da und sah

Roberto an. Die Kardinäle sahen ihn an, während Roberto sagte: „Mund zu, es zieht!" Lukas hatte sich wieder gefangen. „Dich kann man keine Sekunde aus den Augen lassen, ohne dass du etwas Neues anstellst…", meinte sein alter Freund im Spaß.

Der Vorhang öffnete sich und Roberto trat in Begleitung von Lukas, Martin Brunelli und Kardinal Angelo auf die Loggia des Petersdoms. Die Menge, die auf dem Petersplatz versammelt war, jubelte. Erst stand Roberto ganz still da und sah auf die vielen Menschen, die ihm zu jubelten. Dann begann er zu winken, erst mit einer Hand, dann mit beiden. Als ein Messdiener ihm ein Mikrofon unter die Nase hielt, sagte Roberto: „Danke für diesen kraftvollen Applaus. Auch ich bin nur ein Mensch, so wie ihr. Und zu sehen, dass heute so viele Menschen hier sind und über die Fernseher zuhause zuschauen, um mir Glück zu wünschen in diesem Amt, ist wundervoll. Danke!" Er deutete eine kleine Verbeugung an. Eine Welle der Begeisterung ging über den Petersplatz. „Als ich ein kleines Kind war und ein neuer Papst gewählt werden sollte, wurde bei uns zu Hause immer der Fernseher angemacht. Zusammen saß man dann da und sah dem neugewählten Papst zu, wie er auf der Loggia seine ersten Worte sprach." Roberto machte eine Pause. „Und heute stehe ich hier, als Mann in Weiß. Damals war der Papst für mich immer etwas Besonderes, so wie er da auf dem Balkon stand. Aber er war für mich eher weit weg als nah da, geheimnisvoll und auch ein bisschen seltsam. So verkleidet." Roberto lächelte und zeigte auf sich und die übrigen Kardinäle. „Doch so ein Papst möchte ich nicht sein. Ich möchte auch weiterhin ein Mensch sein, denn ob Sie es glauben oder nicht, aber unter diesem weißen Gewand steckt ein ganz normaler Mensch," er machte wieder eine Pause, „und jetzt beginnt eine neue Zeit mit einem neuen Papst. Doch Ihr müsst mir dabei helfen, dass dieses Neue, das in dieser Zeit entstehen wird, wächst und gedeiht, denn das können wir nur zusammen schaffen. Denn ihr, wir alle sind diese Kirche." Wieder jubelten die Menschen und wollten gar nicht mehr aufhören. Nun war es an der Zeit die Loggia zu verlassen. Doch Roberto dachte nicht daran: „Wir habe meine Bischofsweihe gefeiert, meine Kardinalsernennung auch und dieses Fest möchte ich auch mit euch feiern." Er klatschte in die Hände: „Musik!" Das was nun folgte, hatte Rom, ja die ganze Welt noch nie gesehen. Musik erscholl aus den Lautsprecher-Boxen des Petersdomes. Da wo sonst feierlichen Gesängen gelauscht wurden, spielten heute Lieder berühmter Sänger. Die Menge war erst irritiert, begann dann aber auch zu tanzen und lautstark mitzusingen. Auch Roberto tanzte mit. Auf der Loggia war es zwar etwas eng, aber das störte in diesem Moment keinen. Auch die anderen hatten zu tanzen begonnen. Die Stimmung war ausgelassen. Und jetzt zeigte sich auch, was Kardinal Angelo wirklich konnte: Tanzen. Er war wie ausgewechselt. Die anderen machten ihm Platz. Die Menge war begeistert. Nach einer langen Zeit des Feierns trat Roberto erneut ans Mikrofon, die Musik erstarb. „Das hat sehr viel Spaß gemacht. Jetzt im Moment habe ich den Entschluss gefasst: Diese Party werden wir jeden Monat hier auf dem Petersplatz veranstalten. Denn wie wir sehen, ist sogar der Mond herbeigeeilt, um bei diesem Ereignis dabei zu sein." Und tatsächlich war der Mond aufgegangen. Die Menge war begeistert. „In diesem Sinne wünsche ich euch einen schönen Abend und wenn es dann so weit ist, eine ruhige und erholsame Nacht. Bis morgen." Roberto begann wieder zu winken. Die Musik wurde wieder angeschaltet und die Menge klatschte, jubelte und tanzte wieder. Roberto blieb noch eine Weile stehen, wandte sich dann um und verließ im wankenden Tanzschritt die Loggia. Das Licht, das die Loggia erhellt hatte, erlosch. Und der Mond trug die Leichtigkeit dieses Abends in die Nacht hinein.

Interview mit dem Autor

Wozu hast du dieses Buch geschrieben?

Ich habe eine neue Idee. Was für eine neue Idee? Eine Idee, die es eigentlich schon seit Tausenden von Jahren gibt, die aber oft unbewusst verdrängt oder absichtlich erwürgt wird. Eine Idee von Liebe, Vertrauen und Vergeben. Auch in der heutigen Zeit, einer Zeit von Hass und Hetze, von Spaltung und Ausgrenzung wird diese Idee in den Hintergrund gerückt. Und wenn dann auch noch die Kirche versagt, weil sie in ihren eigenen Problemen zu ersticken droht, ist das Unglück perfekt.

Was ist dein Ziel mit diesem Buch?

Ich möchte zeigen, dass es auch anders geht, dass Kirche in der heutigen Zeit auch groß sein kann. Ich wünsche mir eine Kirche, die sich neu entdeckt, neu erfindet. Eine menschliche Kirche, denn wir sind Menschen, keine Götter. Eine Kirche von Menschen für Menschen. Eine Kirche, die versteht, die begleitet, dem Menschen dient. Eine Kirche, die keine Angst hat sich zu verändern. In dieser Geschichte möchte ich zeigen, dass dies gelingen kann. Es ist eine frei erfundene Geschichte.

Frei erfunden, sagst du. Lebt das Buch nicht auch von eigenen Anteilen?

Ja, das stimmt. Der Protagonist Roberto trägt, so viel sei verraten, autobiographische Züge. Er trägt eigene Ansichten, Wünsche und Eindrücke. Auch Lukas und andere erfundenen Personen werden Dinge sagen, tun und unternehmen, die, meiner Ansicht nach, zu einer besseren und erfolgreichen Kirche beitragen. Ich weiß, dass ich noch sehr jung bin und dass ich deshalb noch nicht ganz so viel von der Welt verstehe. Trotzdem möchte ich die Menschen dazu anregen, über dieses Thema nachzudenken. Dies betrifft auch die Männer des Vatikans: Ganz besonders Ihr dürft euch angesprochen fühlen, denn Ihr seid verantwortlich für diese Kirche und müsst sie in eine erfolgreiche Zukunft führen. Und so wie es zurzeit läuft, denke ich, dass es keine schöne Zukunft wird, wenn Ihr so weitermacht. Ich möchte euch auch ans Herz legen: Unterstützt Papst Franziskus bei seinem Reformkurs.

Woher kommt diese Verbundenheit mit dem Papstamt?

Manchmal habe ich einfach das Gefühl, dass der Papst gegen alles und jeden ankämpfen muss. Ich weiß aus eigener Erfahrung, dass es sehr anstrengend ist gegen viele Menschen zu arbeiten, mir reichen schon meine drei jüngeren Schwestern. Aber Ihr seid auch für diese Kirche verantwortlich, dann muss es euch doch auch wichtig sein, dass diese Kirche weiterlebt und neu erblüht – das möchte ich allen, die Verantwortung tragen, sagen.

Danksagung

Liebe Leserinnen und Leser,

bis ein solches Buch geschrieben ist, dauert es seine Zeit. Von der Idee bis zum fertigen Manuskript ist es ein langer Weg, den ich aber nicht alleine gehen musste. Auch wenn dies mein erstes Buch ist, konnte ich auf die Erfahrungen meiner Klassenkameradin Sakibe Gerbani zurückgreifen, die bereits mehrere Bücher geschrieben hat und die mir mit Rat und Tat zur Seite stand.

Viele andere Menschen haben mich unterstützt und mir auch in schwierigen Zeiten geholfen. Deshalb möchte ich allen danken, die mich unterstützt haben, mit neuen Ideen/Anregungen oder gutem Zureden. Ein besonderer Dank geht an meinen Lehrer Thomas Hanstein, der mich immer unterstützt und ermutigt hat, meine Idee auf Papier zu bringen. Zusammen mit Paulina Ott hat er mein Buch korrekturgelesen. Auch Lara Löffler, Lea Munding und Paulina Ott gilt ein herzlicher Dank, denn sie haben mir geholfen das Manuskript zu tippen.

Mit dieser Unterstützung ist nun dieses Buch entstanden. Und ich hoffe, dass es Ihnen gefallen hat und dass es zum Nachdenken anregen konnte.

Ihr Robin Heß